Printed in the USA

Dari Language:
101 Dari Verbs

BY AFSAR TAREEN

Contents

Verb Descriptions and Tense Formations in brief	1
To accept	11
To admit	13
To answer	15
To appear	17
To ask	19
To be	21
To be able to	23
To become	25
To begin	27
To break	29
To breath	31
To buy	33
To call	35
To can	37
To choose	39
To close	41
To come	43
To cook	45
To cry	47
To dance	49
To decide	51
To decrease	53
To die	55
To do	57
To drink	59

To drive	61
To eat	63
To enter	65
To exit	67
To explain	69
To fall	71
To feel	73
To fight	75
To find	77
To finish	79
To fly	81
To forget	83
To get up	85
To give	87
To go	89
To happen	91
To have	93
To hear	95
To help	97
To hold	99
To increase	101
To introduce	103
To invite	105
To kill	107
To kiss	109
To know	111
To laugh	113
To learn	115
To lie down	117

To like	119
To listen	121
To live	123
To lose	125
To love	127
To meet	129
To need	131
To notice	133
To open	135
To play	137
To put	139
To read	141
To receive	143
To remember	145
To repeat	147
To return	149
To run	151
To say	153
To scream	155
To see	157
To seem	159
To sell	161
To send	163
To show	165
To sing	167
To sit down	169
To sleep	171
To smile	173
To speak	175

To stand	177
To start	179
To stay	181
To take	183
To talk	185
To teach	187
To think	189
To touch	191
To travel	193
To understand	195
To use	197
To wait	199
To walk	201
To want	203
To watch	205
To win	207
To work	209
To write	211

Verb Descriptions and Tense Formations in brief

Verbs

Verbs in Persian are formed from the infinitive, which consists of the past stem and the infinitive marker ن e.g.:

To go	RafTan	رفتن
To see	DiDan	دیدن
To say	GofTan	گفتن

1- Simple Past Tense
/GoZashTeh-Ye SaaDeh (MaaZy)/   گذشته ساده (ماضی)

A. **Description:** The Simple Past Tense is used to describe something that happened in the past and was completed at some time in the past.

Examples in English include: I went, she wrote, we ate, etc.

B. **Formation in Persian:**

To form the past stem, simply drop the infinitive marker ن from the infinitive. The past stem, which ends in either د or ت is followed by fixed inflectional suffixes:

م (Am) for first person singular "I"

ی (Ee) for second person singular "you"

nothing for third person singular "she/he/it"

یم (Eem) for first person plural "we"

ید (Eed) for second person plural or respected second person singular "you"

ند (And) for third person plural "they."

In short, there are only three steps to follow:

1. Take the infinitive (e.g.: to go = /RafTan/ رفتن)
2. Drop "ن" from the ending (e.g.: رفت /Raft/) to get the *infinitive root*.
3. Add the following endings:

ما رفتیم /Maa RafTim/ = we went	من رفتم /Man RafTam/ = I went
شما رفتید /ShoMaa RafTid/ = you went	تو رفتی /To RafTy/ = you went
آنها رفتند /AanHaa RafTand/ = they went	او رفت /Oo Raft/ = he/she went

C. <u>Formation of Negative:</u> To form the negative in the Simple Past Tense, place "ن" in front of the verb.
Example: من نرفتم /Man NaRafTam/ = I didn't go

2- Present Perfect (also called Past Indefinite) Tense.

ماضی نقلی /MaaZy-Ye NaqLy/

A. <u>Description</u>: The Present Perfect (Past Indefinite) is used to describe something that happened in the past and has continued till now or its effect continued to the present.

Examples in English include:

a. I have seen her. (It means that I saw her at a certain time in the past but I still remember her.)

B. <u>Formation</u>:

1. Take the infinitive (e.g.: to go = /RafTan/ رفتن)
2. Drop "ن" from the ending (e.g.: رفت /Raft/) to get the *infinitive root*.
3. Add ه to the ending of the infinitive root. (e.g.: رفته)
4. Add the following endings:

Note that the final endings are the same as for the Simple Past Tense except for the third person singular "او" /Oo/ which changes to "است"/Ast/

ما رفته ا یم = ما رفتهایم	من رفته ا م = من رفتهام
/Maa RafTehEem/	/Man RafTehAm/
شما رفته ا ید = شما رفتهاید	تو رفته ا ی = تو رفتهای
/ShoMaa RafTehEed/	/To RafTehEe/
آنها رفته ا ند = آنها رفتهاند	او رفته ا ست = او رفته است
/AaanHaa RafTehAnd/	/Oo RafTeh Ast/

F. <u>Formation of Negative:</u> To form the negative in the Present Perfect (Past Indefinite) Tense, place "ن" in front of the verb.
Example: من نرفته ا م = من نرفتهام /Man NaRafTehAm/

Note that present perfect tense is also used for an action that has taken place a number of times in the past, as in:

بارها به آنجا رفتهام.	I have gone there many times.
	/BaarHaa Beh AanJaa RafTehAm/
چند دفعه به ایران سفر کردهاید؟	How many times have you travelled to Iran?
	/Chand Daf'Eh Beh EeRaan SaFar KarDehEed?/

3. **Simple Future Tense**

آینده /AaYanDeh/

A. <u>Description:</u> The Simple Future Tense is used to express an action or state of being that will take place in the future. Examples in English include: I will dance. You will sing. They will laugh.

B. <u>Formation:</u> This is a compound verb tense which uses the auxiliary verb خواستن /KhaasTan/ [NOTE: when standing alone, the verb "خواستن" means "to want" but when used as an auxiliary verb it does not have this meaning – this is the nature of "auxiliary verbs"]
1. To form the Simple Future Tense, خواستن is conjugated as follows:

(ما) خواهیم	(من) خواهم
/(Maa) KhaaHim/	/(Man) KhaaHam/
(شما) خواهید	(تو) خواهی
/(ShoMaa) KhaaHid/	/(To) KhaaHy/
(آنها) خواهند	(او) خواهد
/(AanHaa) KhaaHand/	/(Oo) KhaaHad/

1. Then, take the infinitive of the main verb (e.g.: رفتن /RafTan/) (RafTan = to go)
2. Truncate this main verb by dropping the "ن" from the ending (e.g.: رفت /Raft/).
3. Place the conjugated form of the auxiliary verb (خواستن /KhaasTan/) in <u>front</u> of the truncated main verb (رفتن /RafTan/ in this case) as the following example shows:

(ما) خواهیم رفت	(من) خواهم رفت
/(Maa) KhaaHim Raft/	/(Man) KhaaHam Raft/
(شما) خواهید رفت	(تو) خواهی رفت
/(ShoMaa) KhaaHid Raft/	/(To) KhaaHy Raft/
(آنها) خواهند رفت	(او) خواهد رفت
/(AanHaa) KhaaHand Raft/	/(Oo) KhaaHad Raft/

C. <u>Formation of Negative:</u> To form the negative in the Simple Future Tense, place "ن" in front of the auxiliary verb.
Example: من نخواهم رفت /Man NaKhaaHam Raft/

D. <u>In the case of a compound verb</u> place the auxiliary verb (خواستن /KhaasTan/) in between the two parts of the compound verb as in the following example:
پاک کردن = To Clean /Paak KarDan/   becomes

پاک خواهم کرد /Paak KhaaHam Kard/

Notice that the verb endings are the same as the ones used for the present tense. The first part of the verb is conjugated from the present tense خواه /Khaah/ of the infinitive خواستن /KhaasTan/ while the main verb always appears as the past stem, e.g.: گفت /Goft/, رفت /Raft/, آمد /AaMad/.

Note that this is the formal way of making future tense in Persian, but the present tense in Persian can also be used to express actions in the future:

We will go	MiRaWim	می‌رویم
I will buy	MiKhaRam	می‌خرم
He will write	MiNeWiSad	می‌نویسد

The first way (خواستن) is normally used in Persian to express a more empathic meaning, e.g.:

I *will* go	KhaaHam Raft	خواهم رفت
You *will* see	KhaaHy Did	خواهی دید

But this empathic form of future is less common in spoken than in written Persian.

4. **Past Perfect Tense.**

　　　　　　　　　　　　　　　　　/MaaZy-Ye Ba'Eed/　ماضی بعید

A. <u>Description</u>: The Past Perfect Tense relates to a past action which took place and was finished BEFORE another past action. The adverbial (پیش از اینکه، قبل از اینکه "before") followed by a present subjunctive verb are usually used to indicate the latter action, as in:

I had left before you arrived.	قبل از اینکه تو برسی من رفته بودم.
/Qabl Az EenKeh To BeReSy Man RafTeh BooDam/	
Before she travelled to Iran she had already learnt Persian.	پیش از اینکه به ایران سفر کند فارسی یاد گرفته بود.
/Pish Az EenKeh Beh EeRaan SaFar KoNad FaarSy Yaad GeRefTeh Bood/	

This is a compound verb tense which uses the auxiliary verb "بودن" /BooDan/ conjugated in the simple past tense.

Examples in English include:

　　a. I had gone home [before the police arrived].

　　b. He had finished his dinner [when the waitress brought bill].

B. **Formation:**
   a. Conjugate the verb "بودن" /BooDan/ in the Simple Past Tense:

(ما) بودیم	(من) بودم
/(Maa) BooDim/	/(Man) BooDam/
(شما) بودید	(تو) بودی
/(ShoMaa) BooDid/	/(To) BooDy/
(آنها) بودند	(او) بود
/(AanHaa) BooDand/	/(Oo) Bood/

   b. Take the infinitive of the main verb and delete the "ن" from the ending (e.g.: "رفتن" /RafTan/ becomes "رفت" /Raft/)
   c. Add "ه" to the end of the truncated main verb:
      (e.g.: "رفت" /Raft/ becomes "رفته" /RafTeh/)
   d. Now place the conjugated form of the auxiliary verb (بود /Bood/) **after** the altered main verb:

(ما) رفته بودیم	(من) رفته بودم
/(Maa) RafTeh BooDim/	/(Man) RafTeh BooDam/
(شما) رفته بودید	(تو) رفته بودی
/(ShoMaa) RafTeh BooDid/	/(To) RafTeh BooDy/
(آنها) رفته بودند	(او) رفته بود
/(AanHaa) RafTeh BooDand/	/(Oo) RafTeh Bood/

C. <u>Formation of Negative:</u> To form the negative in the Past Perfect Tense, place "ن" before the main verb.
   Example: We had not gone: ما نرفته بودیم /Maa NaRafTeh BooDim/

D. <u>Formation of Interrogative:</u> To form the interrogative, place "آیا" at the start of the sentence.

   Example: Had they gone? آیا آنها رفته بودند؟ /AaYaa AanHaa RafTeh BooDand/

5. **Simple Present Tense.**

/Haal (MoZaaRe')/ حال (مضارع)

A. Description:
This tense is used to express an action in the present, which either a habit or something that is done at the moment of speaking. Note that the verb endings are the same as the ones used for the past tense except for the third person singular, which is normally followed by د. In addition, in the present tense, the prefix می /Mi-/ precedes the present stem.

1. An action or sate of being at the present time.
   Example: I go.

2. An habitual action.
   Example: I walk to school;

   I buy bread. :

3. A general truth which is permanently true..
   Example: The sun rises in the east and sets in the west.

:

B. Formation:
The present stem

Forming the present stem is not as easy as forming the past stem. To form the past stem, the infinitive marker ن is dropped (خرید ← خریدن) /KhaRiDan → KhaRid/, whereas to form the present stem, if the past stem ends in ید the ید will be dropped (خر ← خرید) /KhaRid → Khar/. However, if the past stem ends in ند the د will often be dropped (خوان ← خواند) /Khaand → Khaan/. And often if the past stem ends in خت the خت will be usually replaced with ز (دوز ← دوخت) /Dookht → Dooz/. However, many simple verbs in Persian have irregular present stems which must be memorized, e.g.:

To see	DiDan → Bin	دیدن ← بین
To recognize	SheNaakhTan → SheNaas	شناختن ← شناس
To come	AaMaDan → Aa	آمدن ← آ
To go	RafTan → Ro	رفتن ← رو
To write	NeWeshTan → NeWis	نوشتن ← نویس

1. Find the imperative base (you'll have to memorize all of them).
    Example: The imperative base of "رفتن" /RafTan/ is "رو" /Ro/ or "برو" /BoRo/.

2. Remove "ب" from the beginning of the imperative base
    Example "برو" becomes "رو".

3. Add "می" to the beginning of the root: "می رو" /MiRaw/.
4. Add the following endings:

ما می‌رویم	من می‌روم
/Maa MiRaWim/	/Man MiRaWam/
شما می‌روید	تو می‌روی
/ShoMaa MiRaWid/	/To MiRaWy/
آنها می‌روند	او می‌رود
/AanHaa MiRaWand/	/Oo MiRaWad/

C. <u>Formation of Negative:</u> To form the negative in the Simple Present Tense, place "ن" before the main verb.
    Example: I don't go. = من نمی‌روم /Man NeMiRaWam/
D. <u>Formation of Interrogative:</u> To form the interrogative, place "آیا" at the start of the sentence.

    Example: do I go? = آیا می‌روم؟ /AaYaa MiRaWam/

Note: I am told that the "می" /Mi-/ may be joined to the following letter, but I believe the separation of the letters is more technically correct.

Note that if the present tense indicates an action that is at progress at the time of speaking, the present tense of "داشتن" /DaashTan/ can be used to emphasize that the action is taking place at the moment of speaking, and the conjugated form of داشتن is placed right after the subject, e.g.:

I am reading a book.	من دارم کتاب می‌خوانم.
/Man DaaRam KeTaab MiKhaaNam/	
You are speaking Persian.	شما دارید فارسی صحبت می‌کنید.
/ShoMaa DaaRid FaarSy SohBat MiKoNid/	

6. **Past Progressive Tense.**   /MaaZy-Ye EsTemRaaRy/   ماضی استمراری

A. Description:

The Past Continuous Tense describes an action that was in progress in the past, or in other way, the action that was taking place in the past at the **same time** that another action occurred.

E.g.: It was raining while I slept.

B. Formation:

The past progressive in Persian is formed by adding the progressive prefix می /Mi-/ to the past tense of the verb.

Conjugate the active (main) verb in the Simple Past Tense **and** place "می" /Mi-/ in the beginning as follows:

(ما) می‌رفتیم	(من) می‌رفتم
/(Maa) MiRafTim/	/(Man) MiRafTam/
(شما) می‌رفتید	(تو) می‌رفتی
/(ShoMaa) MiRafTid/	/(To) MiRafTy/
(آنها) می‌رفتند	(او) می‌رفت
/(AanHaa) MiRafTand/	/(Oo) MiRaft/

In less formal Persian, in particular in the spoken language, the past tense of داشتن is used right after the subject, e.g.:

I was talking to him when I saw you.	من داشتم با او صحبت می‌کردم که تو را دیدم.
/Man DaashTam Baa Oo SohBat MiKarDam Keh To Raa DiDam/	
When we arrived, they were eating.	وقتی ما رسیدیم آنها داشتند غذا می‌خوردند.
/WaqTy Maa ReSiDim AanHaa DaashTand QaZaa MiKhorDand/	
You were studying Persian this time last year.	پارسال این موقع شما داشتید فارسی می‌خواندید.
/PaarSaal Een MoQe' ShoMaa DaashTid FaarSy MiKhaanDid/	

Place the **conjugated auxiliary verb** in front of the **conjugated active verb**.

Conjugate "داشتن" /DaashTan/ in the Simple Past Tense:

(ما) داشتیم	(من) داشتم
/(Maa) DaashTim/	/(Man) DaashTam/
(شما) داشتی	(تو) داشتی
/(ShoMaa) DaashTid/	/(To) DaashTy/
(آنها) داشتند	(او) داشت
/(AanHaa) DaashTand/	/(Oo) Daasht/

C. <u>Formation of Negative:</u> To form the negative in the Past Continuous Tense, place "ن" before the main verb.
Example: I was not going. = من داشتم نمی‌رفتم /Man DaashTam NeMiRafTam/

Note: The negative form of this tense is not very common in Persian. Rather, the Iranians use نمی رفتم /NeMiRafTam/ for من داشتم نمی رفتم /Man DaashTam NeMiRafTam/.

D. <u>Formation of Interrogative:</u> To form the interrogative, place "آیا" /AaYaa/ at the start of the sentence.

Example: Was I going? = آیا داشتم می‌رفتم؟ /AaYaa DaashTam MiRafTam/

Verb	Translation	Transliteration
To accept	قبول کردن	QaBool KarDan

	Past Perfect Tense	Past Progressive Tense	Present Perfect Tense	Present Tense	Future Tense	Simple Past Tense
First-person singular	قبول کرده بودم QaBool KarDeh BooDam	قبول می‌کردم QaBool MiKarDam	قبول کرده ام QaBool KarDehAm	قبول می‌کنم QaBool MiKoNam	قبول خواهم کرد QaBool KhaaHam Kard	قبول کردم QaBool KarDam
Second-person singular	قبول کرده بودی QaBool KarDeh BooDy	قبول می‌کردی QaBool MiKarDi	قبول کرده ای QaBool KarDehEe	قبول می‌کنی QaBool MiKoNi	قبول خواهی کرد QaBool KhaaHy Kard	قبول کردی QaBool KarDi
Third-person singular	قبول کرده بود QaBool KarDeh Bood	قبول می‌کرد QaBool MiKard	قبول کرده است QaBool KarDeh Ast	قبول می‌کند QaBool MiKoNad	قبول خواهد کرد QaBool KhaaHad Kard	قبول کرد QaBool Kard
First-person plural	قبول کرده بودیم QaBool KarDeh BooDim	قبول می‌کردیم QaBool MiKarDim	قبول کرده ایم QaBool KarDehEem	قبول می‌کنیم QaBool MiKoNim	قبول خواهیم کرد QaBool KhaaHim Kard	قبول کردیم QaBool KarDim
Second-person plural	قبول کرده بودید QaBool KarDeh BooDid	قبول می‌کردید QaBool MiKarDid	قبول کرده اید QaBool KarDehEed	قبول می‌کنید QaBool MiKoNid	قبول خواهید کرد QaBool KhaaHid Kard	قبول کردید QaBool KarDid
Third-person plural	قبول کرده بودند QaBool KarDeh BooDand	قبول می‌کردند QaBool MiKarDand	قبول کرده اند QaBool KarDehAnd	قبول می‌کنند QaBool MiKoNand	قبول خواهند کرد QaBool KhaaHand Kard	قبول کردند QaBool KarDand

Present Tense: We accept their invitation.	Maa Da'Vat-e AanHaa Raa QaBool MiKoNim.	ما دعوت آنها را قبول می‌کنیم.
Past Tense: We accepted their invitation.	Maa Da'Vat-e AanHaa Raa QaBool KarDim.	ما دعوت آنها را قبول کردیم.
Future Tense: We will accept their invitation.	Maa Da'Vat-e AanHaa Raa QaBool KhaHim Kard.	ما دعوت آنها را قبول خواهیم کرد.

Verb	Translation	Transliteration
To admit	پذیرفتن	PaZiRofTan

	Past Perfect Tense	Past Progressive Tense	Present Perfect Tense	Present Tense	Future Tense	Simple Past Tense
First-person singular	پذیرفته بودم PaZiRofTeh BooDam	می‌پذیرفتم MiPaZiRofTam	پذیرفته ام PaZiRofTehAm	می‌پذیرم MiPaZiRam	خواهم پذیرفت KhaaHam PaZiRoft	پذیرفتم PaZiRofTam
Second-person singular	پذیرفته بودی PaZiRofTeh BooDy	می‌پذیرفتی MiPaZiRofTi	پذیرفته ای PaZiRofTehEe	می‌پذیری MiPaZiRi	خواهی پذیرفت KhaaHy PaZiRoft	پذیرفتی PaZiRofTi
Third-person singular	پذیرفته بود PaZiRofTeh Bood	می‌پذیرفت MiPaZiRoft	پذیرفته است PaZiRofTeh Ast	می‌پذیرد MiPaZiRad	خواهد پذیرفت KhaaHad PaZiRoft	پذیرفت PaZiRoft
First-person plural	پذیرفته بودیم PaZiRofTeh BooDim	می‌پذیرفتیم MiPaZiRofTim	پذیرفته ایم PaZiRofTehEem	می‌پذیریم MiPaZiRim	خواهیم پذیرفت KhaaHim PaZiRoft	پذیرفتیم PaZiRofTim
Second-person plural	پذیرفته بودید PaZiRofTeh BooDid	می‌پذیرفتید MiPaZiRofTid	پذیرفته اید PaZiRofTehEed	می‌پذیرید MiPaZiRid	خواهید پذیرفت KhaaHid PaZiRoft	پذیرفتید PaZiRofTid
Third-person plural	پذیرفته بودند PaZiRofTeh BooDand	می‌پذیرفتند MiPaZiRofTand	پذیرفته اند PaZiRofTehAnd	می‌پذیرند MiPaZiRand	خواهند پذیرفت KhaaHand PaZiRoft	پذیرفتند PaZiRofTand

Present Tense: He admits his feelings.	Oo EhSaaSaaT-e Khod Raa MiPaZiRad.	او احساسات خود را می‌پذیرد.
Past Tense: He admitted his feelings.	Oo EhSaaSaaT-e Khod Raa PaZiRoft.	او احساسات خود را پذیرفت.
Future Tense: He will admit his feelings.	Oo EhSaaSaaT-e Khod Raa KhaaHad PaZiRoft.	او احساسات خود را خواهد پذیرفت.

Verb	Translation	Transliteration
To answer	پاسخ دادن	PaaSokh DaaDan

	Past Perfect Tense	Past Progressive Tense	Present Perfect Tense	Present Tense	Future Tense	Simple Past Tense
First-person singular	پاسخ داده بودم PaaSokh DaaDeh BooDam	پاسخ می‌دادم PaaSokh MiDaaDam	پاسخ داده‌ام PaaSokh DaaDehAm	پاسخ می‌دهم PaaSokh MiDaHam	پاسخ خواهم داد PaaSokh KhaaHam Daad	پاسخ دادم PaaSokh DaaDam
Second-person singular	پاسخ داده بودی PaaSokh DaaDeh BooDy	پاسخ می‌دادی PaaSokh MiDaaDi	پاسخ داده‌ای PaaSokh DaaDehEe	پاسخ می‌دهی PaaSokh MiDaHy	پاسخ خواهی داد PaaSokh KhaaHy Daad	پاسخ دادی PaaSokh DaDy
Third-person singular	پاسخ داده بود PaaSokh DaaDeh Bood	پاسخ می‌داد PaaSokh MiDaad	پاسخ داده است PaaSokh DaaDeh Ast	پاسخ می‌دهد PaaSokh MiDaHad	پاسخ خواهد داد PaaSokh KhaaHad Daad	پاسخ داد PaaSokh Daad
First-person plural	پاسخ داده بودیم PaaSokh DaaDeh BooDim	پاسخ می‌دادیم PaaSokh MiDaaDim	پاسخ داده‌ایم PaaSokh DaaDehEem	پاسخ می‌دهیم PaaSokh MiDaHim	پاسخ خواهیم داد PaaSokh KhaaHim Daad	پاسخ دادیم PaaSokh DaaDim
Second-person plural	پاسخ داده بودید PaaSokh DaaDeh BooDid	پاسخ می‌دادید PaaSokh MiDaaDid	پاسخ داده‌اید PaaSokh DaaDehEed	پاسخ می‌دهید PaaSokh MiDaHid	پاسخ خواهید داد PaaSokh KhaaHid Daad	پاسخ دادید PaaSokh DaaDid
Third-person plural	پاسخ داده بودند PaaSokh DaaDeh BooDand	پاسخ می‌دادند PaaSokh MiDaaDand	پاسخ داده‌اند PaaSokh DaaDehAnd	پاسخ می‌دهند PaaSokh MiDaHand	پاسخ خواهند داد PaaSokh KhaaHand Daad	پاسخ دادند PaaSokh DaaDand

Present Tense: She answers the question.	Oo Beh PorSesh, PaaSokh MiDaHad.	او به پرسش، پاسخ می‌دهد.
Past Tense: She answered the question.	Oo Beh PorSesh, PaaSokh Daad.	او به پرسش، پاسخ داد.
Future Tense: She will answer the question.	Oo Beh PorSesh, PaaSokh KhaaHad Daad.	او به پرسش، پاسخ خواهد داد.

Verb	Translation	Transliteration
To appear	ظاهر شدن	ZaaHer ShoDan

	Past Perfect Tense	Past Progressive Tense	Present Perfect Tense	Present Tense	Future Tense	Simple Past Tense
First-person singular	ظاهر شده بودم ZaaHer ShoDeh BooDam	ظاهر می‌شدم ZaaHer MiShoDam	ظاهر شده ام ZaaHer ShoDehAm	ظاهر می‌شوم ZaaHer MiShaWam	ظاهر خواهم شد ZaaHer KhaaHam Shod	ظاهر شدم ZaaHer ShoDam
Second-person singular	ظاهر شده بودی ZaaHer ShoDeh BooDy	ظاهر می‌شدی ZaaHer MiShoDy	ظاهر شده ای ZaaHer ShoDehEe	ظاهر می‌شوی ZaaHer MiShaWy	ظاهر خواهی شد ZaaHer KhaaHy Shod	ظاهر شدی ZaaHer Shody
Third-person singular	ظاهر شده بود ZaaHer ShoDeh Bood	ظاهر می‌شد ZaaHer MiShod	ظاهر شده است ZaaHer ShoDeh Ast	ظاهر می‌شود ZaaHer MiShaWad	ظاهر خواهند شد ZaaHer KhaaHad Shod	ظاهر شد ZaaHer Shod
First-person plural	ظاهر شده بودیم ZaaHer ShoDeh BooDim	ظاهر می‌شدیم ZaaHer MiShoDim	ظاهر شده ایم ZaaHer ShoDehEem	ظاهر می‌شویم ZaaHer MiShaWim	ظاهر خواهیم شد ZaaHer KhaaHim Shod	ظاهر شدیم ZaaHer ShoDim
Second-person plural	ظاهر شده بودید ZaaHer ShoDeh BooDid	ظاهر می‌شدید ZaaHer MiShoDid	ظاهر شده اید ZaaHer ShoDehEed	ظاهر می‌شوید ZaaHer MiShaWid	ظاهر خواهید شد ZaaHer KhaaHid Shod	ظاهر شدید ZaaHer ShoDid
Third-person plural	ظاهر شده بودند ZaaHer ShoDeh BooDand	ظاهر می‌شدند ZaaHer MiShoDand	ظاهر شده اند ZaaHer ShoDehAnd	ظاهر می‌شوند ZaaHer MiShaWand	ظاهر خواهند شد ZaaHer KhaaHand Shod	ظاهر شدند ZaaHer ShoDand

Present Tense: He appears on TV.	Oo Bar RooYe SafHe-Ye TeLeWiZiYoon ZaaHer MiShaWad.	او بر روی صفحه تلویزیون ظاهر می‌شود.
Past Tense: He appeared on TV.	Oo Bar RooYe SafHe-Ye TeLeWiZiYoon ZaaHer Shod.	او بر روی صفحه تلویزیون ظاهر شد.
Future Tense: He will appears on TV.	Oo Bar RooYe SafHe-Ye TeLeWiZiYoon ZaaHer KhaaHad Shod.	او بر روی صفحه تلویزیون ظاهر خواهد شد.

Verb	Translation	Transliteration
To ask	پرسیدن	PorSiDan

	Past Perfect Tense	Past Progressive Tense	Present Perfect Tense	Present Tense	Future Tense	Simple Past Tense
First-person singular	پرسیده بودم PorSiDeh BooDam	می‌پرسیدم MiPorSiDam	پرسیده ام PorSiDehAm	می‌پرسم MiPorSam	خواهم پرسید KhaaHam PorSid	پرسیدم PorSiDam
Second-person singular	پرسیده بودی PorSiDeh BooDy	می‌پرسیدی MiPorSiDy	پرسیده ای PorSiDehEe	می‌پرسی MiPorSy	خواهی پرسید KhaaHy PorSid	پرسیدی PorSiDy
Third-person singular	پرسیده بود PorSiDeh Bood	می‌پرسید MiPorSid	پرسیده است PorSiDeh Ast	می‌پرسد MiPorSad	خواهد پرسید KhaaHad PorSid	پرسید PorSid
First-person plural	پرسیده بودیم PorSiDeh BooDim	می‌پرسیدیم MiPorSiDim	پرسیده ایم PorSiDehEem	می‌پرسیم MiPorSim	خواهیم پرسید KhaaHim PorSid	پرسیدیم PorSiDim
Second-person plural	پرسیده بودید PorSiDeh BooDid	می‌پرسیدید MiPorSiDid	پرسیده اید PorSiDehEed	می‌پرسید MiPorSid	خواهید پرسید KhaaHid PorSid	پرسیدید PorSiDid
Third-person plural	پرسیده بودند PorSiDeh BooDand	می‌پرسیدند MiPorSiDand	پرسیده اند PorSiDehAnd	می‌پرسند MiPorSand	خواهند پرسید KhaaHand PorSid	پرسیدند PorSiDand

Present Tense: I ask his name.	Man NaaMash Raa MiPorSam.	من نامش را می‌پرسم.
Past Tense: I asked his name.	Man NaaMash Raa PorSiDam.	من نامش را پرسیدم.
Future Tense: I will ask his name.	Man NaaMash Raa KhaaHam PorSid.	من نامش را خواهم پرسید.

Verb	Translation	Transliteration
To be	بودن	BooDan

	Past Perfect Tense	Past Progressive Tense	Present Perfect Tense	Present Tense	Future Tense	Simple Past Tense
First-person singular	—	می‌بودم MiBooDam	بوده ام BooDehAm	می‌باشم MiBaaSham	خواهم بود KhaaHam Bood	بودم BooDam
Second-person singular	—	می‌بودی MiBooDy	بوده ای BooDehEe	می‌باشی MiBaaShy	خواهی بود KhaaHy Bood	بودی BooDy
Third-person singular	—	می‌بود MiBood	بوده است BooDeh Ast	می‌باشد MiBaaShad	خواهد بود KhaaHad Bood	بود Bood
First-person plural	—	می‌بودیم MiBooDim	بوده ایم BooDehEem	می‌باشیم MiBaaShim	خواهیم بود KhaaHim Bood	بودیم BooDim
Second-person plural	—	می‌بودید MiBooDid	بوده اید BooDehEed	می‌باشید MiBaaShid	خواهید بود KhaaHid Bood	بودید BooDid
Third-person plural	—	می‌بودند MiBooDand	بوده اند BooDehAnd	می‌باشند MiBaaShand	خواهند بود KhaaHand Bood	بودند BooDand

Present Tense: I am Mahsa.	Man MahSaa HasTam.	من مهسا هستم.
Past Tense: I was a talented student.	Man DaaNeshJoo-Ye BaHooShy BooDam.	من دانشجوی باهوشی بودم.
Future Tense: I will be the general manager of our company.	Man MoDir-e Kol-e SherKaTeMaan KhaaHam Shod.	من مدیرکل شرکتمان خواهم شد.

Verb	Translation	Transliteration
To be able to	قادر بودن	QaaDer BooDan

	Past Perfect Tense	Past Progressive Tense	Present Perfect Tense	Present Tense	Future Tense	Simple Past Tense
First-person singular	—	قادر می‌بودم QaaDer MiBooDam	قادر بوده‌ام QaaDer BooDehAm	قادر می‌باشم QaaDer MiBaaSham	قادر خواهم بود QaaDer KhaaHam Bood	قادر بودم QaaDer BooDam
Second-person singular	—	قادر می‌بودی QaaDer MiBooDi	قادر بوده‌ای QaaDer BoodehEe	قادر می‌باشی QaaDer MiBaaShy	قادر خواهی بود QaaDer KhaaHy Bood	قادر بودی QaaDer BooDy
Third-person singular	—	قادر می‌بود QaaDer MiBood	قادر بوده است QaaDer BooDeh Ast	قادر می‌باشد QaaDer MiBaaShad	قادر خواهد بود QaaDer KhaaHad Bood	قادر بود QaaDer Bood
First-person plural	—	قادر می‌بودیم QaaDer MiBooDim	قادر بوده‌ایم QaaDer BooDehEem	قادر می‌باشیم QaaDer MiBaaShim	قادر خواهیم بود QaaDer KhaaHim Bood	قادر بودیم QaaDer BooDim
Second-person plural	—	قادر می‌بودید QaaDer MiBooDid	قادر بوده‌اید QaaDer BooDehEed	قادر می‌باشید QaaDer MiBaaShid	قادر خواهید بود QaaDer KhaaHid Bood	قادر بودید QaaDer BooDid
Third-person plural	—	قادر می‌بودند QaaDer MiBooDand	قادر بوده‌اند QaaDer BooDehAnd	قادر می‌باشند QaaDer MiBaaShand	قادر خواهند بود QaaDer KhaaHand Bood	قادر بودند QaaDer BooDand

Present Tense: He is able to talk.	Oo QaaDer Ast Harf BeZaNad.	او قادر است حرف بزند.
Past Tense: He was able to talk.	Oo QaaDer Bood Harf BeZaNad.	او قادر بود حرف بزند.
Future Tense: He will be able to talk.	Oo QaaDer KhaaHad Bood Harf BeZaNad.	او قادر خواهد بود حرف بزند.

Verb	Translation	Transliteration
To become	شدن	ShoDan

	Past Perfect Tense	Past Progressive Tense	Present Perfect Tense	Present Tense	Future Tense	Simple Past Tense
First-person singular	شده بودم ShoDeh BooDam	می‌شدم MiShoDam	شده ام ShoDehAm	می‌شوم MiShaWam	خواهم شد KhaaHam Shod	شدم ShoDam
Second-person singular	شده بودی ShoDeh BooDy	می‌شدی MiShoDy	شده ای ShoDehEe	می‌شوی MiShaWy	خواهی شد KhaaHy Shod	شدی Shody
Third-person singular	شده بود ShoDeh Bood	می‌شد MiShod	شده است ShoDeh Ast	می‌شود MiShaWad	خواهد شد KhaaHad Shod	شد Shod
First-person plural	شده بودیم ShoDeh BooDim	می‌شدیم MiShoDim	شده ایم ShoDehEem	می‌شویم MiShaWim	خواهیم شد KhaaHim Shod	شدیم ShoDim
Second-person plural	شده بودید ShoDeh BooDid	می‌شدید MiShoDid	شده اید ShoDehEed	می‌شوید MiShaWid	خواهید شد KhaaHid Shod	شدید ShoDid
Third-person plural	شده بودند ShoDeh BooDand	می‌شدند MiShoDand	شده اند ShoDehAnd	می‌شوند MiShaWand	خواهند شد KhaaHand Shod	شدند ShoDand

Present Tense: She becomes the queen.	Oo MaLaKeh MiShaWad.	او ملکه می‌شود.
Past Tense: She became the queen.	Oo MaLaKeh Shod.	او ملکه شد.
Future Tense: She will become the queen.	Oo MaLaKeh KhaaHad Shod.	او ملکه خواهد شد.

Verb	Translation	Transliteration
To begin	شروع کردن	ShoRoo'' KarDan

	Past Perfect Tense	Past Progressive Tense	Present Perfect Tense	Present Tense	Future Tense	Simple Past Tense
First-person singular	شروع کرده بودم ShoRoo' KarDeh BooDam	شروع می‌کردم ShoRoo' MiKarDam	شروع کرده ام ShoRoo' KarDehAm	شروع می‌کنم ShoRoo' MiKoNam	شروع خواهم کرد ShoRoo' KhaaHam Kard	شروع کردم ShoRoo' KarDam
Second-person singular	شروع کرده بودی ShoRoo' KarDeh BooDy	شروع می‌کردی ShoRoo' MiKarDi	شروع کرده ای ShoRoo' KarDehEe	شروع می‌کنی ShoRoo' MiKoNy	شروع خواهی کرد ShoRoo' KhaaHy Kard	شروع کردی ShoRoo' KarDy
Third-person singular	شروع کرده بود ShoRoo' KarDeh Bood	شروع می‌کرد ShoRoo' MiKard	شروع کرده است ShoRoo' KarDeh Ast	شروع می‌کند ShoRoo' MiKoNad	شروع خواهد کرد ShoRoo' KhaaHad Kard	شروع کرد ShoRoo' Kard
First-person plural	شروع کرده بودیم ShoRoo' KarDeh BooDim	شروع می‌کردیم ShoRoo' MiKarDim	شروع کرده ایم ShoRoo' KarDehEem	شروع می‌کنیم ShoRoo' MiKoNim	شروع خواهیم کرد ShoRoo' KhaaHim Kard	شروع کردیم ShoRoo' KarDim
Second-person plural	شروع کرده بودید ShoRoo' KarDeh BooDid	شروع می‌کردید ShoRoo' MiKarDid	شروع کرده اید ShoRoo' KarDehEed	شروع می‌کنید ShoRoo' MiKoNid	شروع خواهید کرد ShoRoo' KhaaHid Kard	شروع کردید ShoRoo' KarDid
Third-person plural	شروع کرده بودند ShoRoo' KarDeh BooDand	شروع می‌کردند ShoRoo' MiKarDand	شروع کرده اند ShoRoo' KarDehAnd	شروع می‌کنند ShoRoo' MiKoNand	شروع خواهند کرد ShoRoo' KhaaHand Kard	شروع کردند ShoRoo' KarDand

Present Tense: The kids start the game.	BachChe-Haa BaaZy Raa ShoRoo' MiKoNand.	بچه ها بازی را شروع می‌کنند.
Past Tense: The kids started the game.	BachChe-Haa BaaZy Raa ShoRoo' KarDand.	بچه ها بازی را شروع کردند.
Future Tense: The kids will start the game.	BachChe-Haa BaaZy Raa ShoRoo' KhaaHand Kard.	بچه ها بازی را شروع خواهند کرد.

Verb	Translation	Transliteration
To break	شکستن	SheKasTan

	Past Perfect Tense	Past Progressive Tense	Present Perfect Tense	Present Tense	Future Tense	Simple Past Tense
First-person singular	شکسته بودم SheKasTeh BooDam	می‌شکستم MiSheKasTam	شکسته ام SheKasTehAm	می‌شکنم MiSheKaNam	خواهم شکست KhaaHam SheKast	شکستم SheKasTam
Second-person singular	شکسته بودی SheKasTeh BooDy	می‌شکستی MiSheKasTy	شکسته ای SheKasTehEe	می‌شکنی MiSheKaNy	خواهی شکست KhaaHy SheKast	شکستی SheKasTy
Third-person singular	شکسته بود SheKasTeh Bood	می‌شکست MiSheKast	شکسته است SheKasTeh Ast	می‌شکند MiSheKaNad	خواهد شکست KhaaHad SheKast	شکست SheKast
First-person plural	شکسته بودیم SheKasTeh BooDim	می‌شکستیم MiSheKasTim	شکسته ایم SheKasTehEem	می‌شکنیم MiSheKaNim	خواهیم شکست KhaaHim SheKast	شکستیم SheKasTim
Second-person plural	شکسته بودید SheKasTeh BooDid	می‌شکستید MiSheKasTid	شکسته اید SheKasTehEed	می‌شکنید MiSheKaNid	خواهید شکست KhaaHid SheKast	شکستید SheKasTid
Third-person plural	شکسته بودند SheKasTeh BooDand	می‌شکستند MiSheKasTand	شکسته اند SheKasTehAnd	می‌شکنند MiSheKaNand	خواهند شکست KhaaHand SheKast	شکستند SheKasTand

Present Tense: They break the rule.	AanHaa QaaNoon Raa MiSheKaNand.	آنها قانون را می‌شکنند.
Past Tense: They broke the rule.	AanHaa QaaNoon Raa SheKasTand.	آنها قانون را شکستند.
Future Tense: They will break the rule.	AanHaa QaaNoon Raa KhaaHand SheKast.	آنها قانون را خواهند شکست.

Verb	Translation	Transliteration
To breath	نفس کشیدن	NaFas KeShiDan

	Past Perfect Tense	Past Progressive Tense	Present Perfect Tense	Present Tense	Future Tense	Simple Past Tense
First-person singular	نفس کشیده بودم NaFas KeShiDeh BooDam	نفس می‌کشیدم NaFas MiKeShiDam	نفس کشیده‌ام NaFas KeShiDehAm	نفس می‌کشم NaFas MiKeSham	نفس خواهم کشید NaFas KhaaHam KeShid	نفس کشیدم NaFas KeShiDam
Second-person singular	نفس کشیده بودی NaFas KeShiDeh BooDy	نفس می‌کشیدی NaFas MiKeShiDi	نفس کشیده‌ای NaFas KeShiDehEe	نفس می‌کشی NaFas MiKeShy	نفس خواهی کشید NaFas KhaaHy KeShid	نفس کشیدی NaFas KeShiDy
Third-person singular	نفس کشیده بود NaFas KeShiDeh Bood	نفس می‌کشید NaFas MiKeShid	نفس کشیده است NaFas KeShiDeh Ast	نفس می‌کشد NaFas MiKeShad	نفس خواهد کشید NaFas KhaaHad KeShid	نفس کشید NaFas KeShid
First-person plural	نفس کشیده بودیم NaFas KeShiDeh BooDim	نفس می‌کشیدیم NaFas MiKeShiDim	نفس کشیده‌ایم NaFas KeShiDehEem	نفس می‌کشیم NaFas MiKeShim	نفس خواهیم کشید NaFas KhaaHim KeShid	نفس کشیدیم NaFas KeShiDim
Second-person plural	نفس کشیده بودید NaFas KeShiDeh BooDid	نفس می‌کشیدید NaFas MiKeShiDid	نفس کشیده‌اید NaFas KeShiDehEed	نفس می‌کشید NaFas MiKeShid	نفس خواهید کشید NaFas KhaaHid KeShid	نفس کشیدید NaFas KeShiDid
Third-person plural	نفس کشیده بودند NaFas KeShiDeh BooDand	نفس می‌کشیدند NaFas MiKeShiDand	نفس کشیده‌اند NaFas KeShiDehAnd	نفس می‌کشند NaFas MiKeShand	نفس خواهند کشید NaFas KhaaHand KeShid	نفس کشیدند NaFas KeShiDand

Present Tense: The injured person breathes fast.	Fard-e MajRooh, Tond-Tond NaFas MiKeShad.	فرد مجروح تند تند نفس می‌کشد.
Past Tense: The injured person breathed fast.	Fard-e MajRooh, Tond-Tond NaFas MiKeShid.	فرد مجروح تند تند نفس می‌کشید.
Future Tense: The injured person will breathe fast.	Fard-e MajRooh, Tond-Tond NaFas KhaaHad KeShid.	فرد مجروح تند تند نفس خواهد کشید.

Verb	Translation	Transliteration
To buy	خریدن	KhaRiDan

	Past Perfect Tense	Past Progressive Tense	Present Perfect Tense	Present Tense	Future Tense	Simple Past Tense
First-person singular	خریده بودم KhaRiDeh BooDam	می‌خریدم MiKhaRiDam	خریده ام KhaRiDehAm	می‌خرم MiKhaRam	خواهم خرید KhaaHam KhaRiD	خریدم KhaRiDam
Second-person singular	خریده بودی KhaRiDeh BooDy	می‌خریدی MiKhaRiDy	خریده ای KhaRiDehEe	می‌خری MiKhaRy	خواهی خرید KhaaHy KhaRiD	خریدی KhaRiDy
Third-person singular	خریده بود KhaRiDeh Bood	می‌خرید MiKhaRiD	خریده است KhaRiDeh Ast	می‌خرد MiKhaRad	خواهد خرید KhaaHad KhaRiD	خرید KhaRiD
First-person plural	خریده بودیم KhaRiDeh BooDim	می‌خریدیم MiKhaRiDim	خریده ایم KhaRiDehEem	می‌خریم MiKhaRim	خواهیم خرید KhaaHim KhaRiD	خریدیم KhaRiDim
Second-person plural	خریده بودید KhaRiDeh BooDid	می‌خریدید MiKhaRiDid	خریده اید KhaRiDehEed	می‌خرید MiKhaRiD	خواهید خرید KhaaHid KhaRiD	خریدید KhaRiDid
Third-person plural	خریده بودند KhaRiDeh BooDand	می‌خریدند MiKhaRiDand	خریده اند KhaRiDehAnd	می‌خرند MiKhaRand	خواهند خرید KhaaHand KhaRiD	خریدند KhaRiDand

Present Tense: Bahman buys the watch.	BahMan SaAt Raa MiKhaRad.	بهمن ساعت را می‌خرد.
Past Tense: Bahman bought the watch.	BahMan SaAt Raa KhaRid.	بهمن ساعت را خرید.
Future Tense: Bahman will buy the watch.	BahMan SaAt Raa KhaaHad KhaRid.	بهمن ساعت را خواهد خرید.

Verb	Translation	Transliteration
To call	تماس گرفتن	TaMaas GeRefTan

	Past Perfect Tense	Past Progressive Tense	Present Perfect Tense	Present Tense	Future Tense	Simple Past Tense
First-person singular	تماس گرفته بودم TaMaas GeRefTeh BooDam	تماس می‌گرفتم TaMaas MiGeRefTam	تماس گرفته‌ام TaMaas GeRefTehAm	تماس می‌گیرم TaMaas MiGiRam	تماس خواهم گرفت TaMaas KhaaHam GeReft	تماس گرفتم TaMaas GeRefTam
Second-person singular	تماس گرفته بودی TaMaas GeRefTeh BooDy	تماس می‌گرفتی TaMaas MiGeRefTy	تماس گرفته‌ای TaMaas GeRefTehEe	تماس می‌گیری TaMaas MiGiRy	تماس خواهی گرفت TaMaas KhaaHy GeReft	تماس گرفتی TaMaas GeRefTy
Third-person singular	تماس گرفته بود TaMaas GeRefTeh Bood	تماس می‌گرفت TaMaas MiGeReft	تماس گرفته است TaMaas GeRefTeh Ast	تماس می‌گیرد TaMaas MiGiRad	تماس خواهد گرفت TaMaas KhaaHad GeReft	تماس گرفت TaMaas GeReft
First-person plural	تماس گرفته بودیم TaMaas GeRefTeh BooDim	تماس می‌گرفتیم TaMaas MiGeRefTim	تماس گرفته‌ایم TaMaas GeRefTehEem	تماس می‌گیریم TaMaas MiGiRim	تماس خواهیم گرفت TaMaas KhaaHim GeReft	تماس گرفتیم TaMaas GeRefTim
Second-person plural	تماس گرفته بودید TaMaas GeRefTeh BooDid	تماس می‌گرفتید TaMaas MiGeRefTid	تماس گرفته‌اید TaMaas GeRefTehEed	تماس می‌گیرید TaMaas MiGiRid	تماس خواهید گرفت TaMaas KhaaHid GeReft	تماس گرفتید TaMaas GeRefTid
Third-person plural	تماس گرفته بودند TaMaas GeRefTeh BooDand	تماس می‌گرفتند TaMaas MiGeRefTand	تماس گرفته‌اند TaMaas GeRefTehAnd	تماس می‌گیرند TaMaas MiGiRand	تماس خواهند گرفت TaMaas KhaaHand GeReft	تماس گرفتند TaMaas GeRefTand

Present Tense: Yalda Calls me.	YalDaa Baa Man TaMaas MiGiRad.	یلدا با من تماس می‌گیرد.
Past Tense: Yalda Called me.	YalDaa Baa Man TaMaas GeReft.	یلدا با من تماس گرفت.
Future Tense: Yalda will Call me.	YalDaa Baa Man TaMaas KhaaHad GeReft.	یلدا با من تماس خواهد گرفت.

Verb	Translation	Transliteration
To can	توانستن	TaWaaNesTan

	Past Perfect Tense	Past Progressive Tense	Present Perfect Tense	Present Tense	Future Tense	Simple Past Tense
First-person singular	توانسته بودم TaWaaNesTeh BooDam	می‌توانستم MiTaWaaNesTam	توانسته‌ام TaWaNesTehAm	می‌توانم MiTaWaaNam	خواهم توانست KhaaHam TaWaaNest	توانستم TaWaaNesTam
Second-person singular	توانسته بودی TaWaaNesTeh BooDy	می‌توانستی MiTaWaaNesTy	توانسته‌ای TaWaNesTehEe	می‌توانی MiTaWaaNy	خواهی توانست KhaaHy TaWaaNest	توانستی TaWaaNesTy
Third-person singular	توانسته بود TaWaaNesTeh Bood	می‌توانست MiTaWaaNest	توانسته است TaWaNesTeh Ast	می‌تواند MiTaWaaNad	خواهد توانست KhaaHad TaWaaNest	توانست TaWaaNest
First-person plural	توانسته بودیم TaWaaNesTeh BooDim	می‌توانستیم MiTaWaaNesTim	توانسته‌ایم TaWaNesTehEem	می‌توانیم MiTaWaaNim	خواهیم توانست KhaaHim TaWaaNest	توانستیم TaWaaNesTim
Second-person plural	توانسته بودید TaWaaNesTeh BooDid	می‌توانستید MiTaWaaNesTid	توانسته‌اید TaWaNesTehEed	می‌توانید MiTaWaaNid	خواهید توانست KhaaHid TaWaaNest	توانستید TaWaaNesTid
Third-person plural	توانسته بودند TaWaaNesTeh BooDand	می‌توانستند MiTaWaaNesTand	توانسته‌اند TaWaaNestehAnd	می‌توانند MiTaWaaNand	خواهند توانست KhaaHand TaWaaNest	توانستند TaWaaNesTand

Present Tense: We can.	Maa MiTaWaaNim.	ما می‌توانیم.
Past Tense: We could.	Maa TaWaaNesTim.	ما توانستیم.
Future Tense: -	Maa KhaaHim TaWaaNest.	ما خواهیم توانست.

Verb	Translation	Transliteration
To choose	انتخاب کردن	EnTeKhaab KarDan

	Past Perfect Tense	Past Progressive Tense	Present Perfect Tense	Present Tense	Future Tense	Simple Past Tense
First-person singular	انتخاب کرده بودم EnTeKhaab KarDeh BooDam	انتخاب می‌کردم EnTeKhaab MiKarDam	انتخاب کرده‌ام EnTeKhaab KarDehAm	انتخاب می‌کنم EnTeKhaab MiKoNam	انتخاب خواهم کرد EnTeKhaab KhaaHam Kard	انتخاب کردم EnTeKhaab KarDam
Second-person singular	انتخاب کرده بودی EnTeKhaab KarDeh BooDy	انتخاب می‌کردی EnTeKhaab MiKarDy	انتخاب کرده‌ای EnTeKhaab KarDehEe	انتخاب می‌کنی EnTeKhaab MiKoNy	انتخاب خواهی کرد EnTeKhaab KhaaHy Kard	انتخاب کردی EnTeKhaab KarDy
Third-person singular	انتخاب کرده بود EnTeKhaab KarDeh Bood	انتخاب می‌کرد EnTeKhaab MiKard	انتخاب کرده است EnTeKhaab KarDeh Ast	انتخاب می‌کند EnTeKhaab MiKoNad	انتخاب خواهد کرد EnTeKhaab KhaaHad Kard	انتخاب کرد EnTeKhaab Kard
First-person plural	انتخاب کرده بودیم EnTeKhaab KarDeh BooDim	انتخاب می‌کردیم EnTeKhaab MiKarDim	انتخاب کرده‌ایم EnTeKhaab KarDehEem	انتخاب می‌کنیم EnTeKhaab MiKoNim	انتخاب خواهیم کرد EnTeKhaab KhaaHim Kard	انتخاب کردیم EnTeKhaab KarDim
Second-person plural	انتخاب کرده بودید EnTeKhaab KarDeh BooDid	انتخاب می‌کردید EnTeKhaab MiKarDid	انتخاب کرده‌اید EnTeKhaab KarDehEed	انتخاب می‌کنید EnTeKhaab MiKoNid	انتخاب خواهید کرد EnTeKhaab KhaaHid Kard	انتخاب کردید EnTeKhaab KarDid
Third-person plural	انتخاب کرده بودند EnTeKhaab KarDeh BooDand	انتخاب می‌کردند EnTeKhaab MiKarDand	انتخاب کرده‌اند EnTeKhaab KarDehAnd	انتخاب می‌کنند EnTeKhaab MiKoNand	انتخاب خواهند کرد EnTeKhaab KhaaHand Kard	انتخاب کردند EnTeKhaab KarDand

Present Tense: Mahyar chooses the right option.	MahYaar GoZiNeh-Ye DoRost Raa EnTeKhaab MiKoNad.	مهیار گزینه درست را انتخاب می‌کند.
Past Tense: Mahyar chooses the right option.	MahYaar GoZiNeh-Ye DoRost Raa EnTeKhaab Kard.	مهیار گزینه درست را انتخاب کرد.
Future Tense: Mahyar chooses the right option.	MahYaar GoZiNeh-Ye DoRost Raa EnTeKhaab KhaaHad Kard.	مهیار گزینه درست را انتخاب خواهد کرد.

Verb	Translation	Transliteration
To close	بستن	BasTan

	Past Perfect Tense	Past Progressive Tense	Present Perfect Tense	Present Tense	Future Tense	Simple Past Tense
First-person singular	بسته بودم BasTeh BooDam	می‌بستم MiBasTam	بسته‌ام BasTehAm	می‌بندم MiBanDam	خواهم بست KhaaHam Bast	بستم BasTam
Second-person singular	بسته بودی BasTeh BooDy	می‌بستی MiBasTy	بسته‌ای BasTehEe	می‌بندی MiBanDy	خواهی بست KhaaHy Bast	بستی BasTy
Third-person singular	بسته بود BasTeh Bood	می‌بست MiBast	بسته است BasTeh Ast	می‌بندد MiBanDad	خواهد بست KhaaHad Bast	بست Bast
First-person plural	بسته بودیم BasTeh BooDim	می‌بستیم MiBasTim	بسته‌ایم BasTehEem	می‌بندیم MiBanDim	خواهیم بست KhaaHim Bast	بستیم BasTim
Second-person plural	بسته بودید BasTeh BooDid	می‌بستید MiBasTid	بسته‌اید BasTehEed	می‌بندید MiBanDid	خواهید بست KhaaHid Bast	بستید BasTid
Third-person plural	بسته بودند BasTeh BooDand	می‌بستند MiBasTand	بسته‌اند BasTehAnd	می‌بندند MiBanDand	خواهند بست KhaaHand Bast	بستند BasTand

Present Tense: Roshanak closes the door.	RoShaNak Dar Raa MiBanDad.	روشنک در را می‌بندد.
Past Tense: Roshanak closed the door.	RoShaNak Dar Raa Bast.	روشنک در را بست.
Future Tense: Roshanak will close the door.	RoShaNak Dar Raa KhaaHad Bast	روشنک در را خواهد بست.

Verb	Translation	Transliteration
To come	آمدن	AaMaDan

	Past Perfect Tense	Past Progressive Tense	Present Perfect Tense	Present Tense	Future Tense	Simple Past Tense
First-person singular	آمده بودم AaMaDeh BooDam	می‌آمدم MiAaMaDam	آمده ام AaMaDehAm	می‌آیم MiAaYam	خواهم آمد KhaaHam AaMad	آمدم AaMaDam
Second-person singular	آمده بودی AaMaDeh BooDy	می‌آمدی MiAaMaDy	آمده ای AaMaDehEe	می‌آیی MiAaYee	خواهی آمد KhaaHy AaMad	آمدی AaMaDy
Third-person singular	آمده بود AaMaDeh Bood	می‌آمد MiAaMad	آمده است AaMaDeh Ast	می‌آید MiAaYad	خواهد آمد KhaaHad AaMad	آمد AaMad
First-person plural	آمده بودیم AaMaDeh BooDim	می‌آمدیم MiAaMaDim	آمده ایم AaMaDehEem	می‌آییم MiAaYim	خواهیم آمد KhaaHim AaMad	آمدیم AaMaDim
Second-person plural	آمده بودید AaMaDeh BooDid	می‌آمدید MiAaMaDid	آمده اید AaMaDehEed	می‌آیید MiAaYid	خواهید آمد KhaaHid AaMad	آمدید AaMaDid
Third-person plural	آمده بودند AaMaDeh BooDand	می‌آمدند MiAaMaDand	آمده اند AaMaDehAnd	می‌آیند MiAaYand	خواهند آمد KhaaHand AaMad	آمدند AaMaDand

Present Tense: Roozbeh comes closer.	RoozBeh NazDik-Tar MiAaYad.	روزبه نزدیکتر می‌آید.
Past Tense: Roozbeh came closer.	RoozBeh NazDik-Tar AaMad.	روزبه نزدیکتر آمد.
Future Tense: Roozbeh will come closer.	RoozBeh NazDik-Tar KhaaHad AaMad.	روزبه نزدیکتر خواهد آمد.

Verb	Translation	Transliteration
To cook	پختن	PokhTan

	Past Perfect Tense	Past Progressive Tense	Present Perfect Tense	Present Tense	Future Tense	Simple Past Tense
First-person singular	پخته بودم PokhTeh BooDam	می‌پختم MiPokhTam	پخته‌ام PokhTehAm	می‌پزم MiPaZam	خواهم پخت KhaaHam Pokht	پختم PokhTam
Second-person singular	پخته بودی PokhTeh BooDy	می‌پختی MiPokhTy	پخته‌ای PokhTehEe	می‌پزی MiPaZy	خواهی پخت KhaaHy Pokht	پختی PokhTy
Third-person singular	پخته بود PokhTeh Bood	می‌پخت MiPokht	پخته است PokhTeh Ast	می‌پزد MiPaZad	خواهد پخت KhaaHad Pokht	پخت Pokht
First-person plural	پخته بودیم PokhTeh BooDim	می‌پختیم MiPokhTim	پخته‌ایم PokhTehEem	می‌پزیم MiPaZim	خواهیم پخت KhaaHim Pokht	پختیم PokhTim
Second-person plural	پخته بودید PokhTeh BooDid	می‌پختید MiPokhTid	پخته‌اید PokhTehEed	می‌پزید MiPaZid	خواهید پخت KhaaHid Pokht	پختید PokhTid
Third-person plural	پخته بودند PokhTeh BooDand	می‌پختند MiPokhTand	پخته‌اند PokhTehAnd	می‌پزند MiPaZand	خواهند پخت KhaaHand Pokht	پختند PokhTand

Present Tense: He cooks us Qormeh-Sabzy.	Oo BaRaaYeMaan QorMeh-SabZy MiPaZad.	او برایمان قرمه‌سبزی می‌پزد.
Past Tense: He cooked us Qormeh-Sabzy.	Oo BaRaaYeMaan QorMeh-SabZy PoKht.	او برایمان قرمه‌سبزی پخت.
Future Tense: He will cook us Qormeh-Sabzy.	Oo BaRaaYeMaan QorMeh-SabZy KhaaHad PoKht	او برایمان قرمه‌سبزی خواهد پخت.

Verb	Translation	Transliteration
To cry	گریه کردن	GerYeh KarDan

	Past Perfect Tense	Past Progressive Tense	Present Perfect Tense	Present Tense	Future Tense	Simple Past Tense
First-person singular	گریه کرده بودم GerYeh KarDeh BooDam	گریه می‌کردم GerYeh MiKarDam	گریه کرده‌ام GerYeh KarDehAm	گریه می‌کنم GerYeh MiKoNam	گریه خواهم کرد GerYeh KhaaHam Kard	گریه کردم GerYeh KarDam
Second-person singular	گریه کرده بودی GerYeh KarDeh BooDy	گریه می‌کردی GerYeh MiKarDy	گریه کرده‌ای GerYeh KarDehEe	گریه می‌کنی GerYeh MiKoNy	گریه خواهی کرد GerYeh KhaaHy Kard	گریه کردی GerYeh KarDy
Third-person singular	گریه کرده بود GerYeh KarDeh Bood	گریه می‌کرد GerYeh MiKard	گریه کرده است GerYeh KarDeh Ast	گریه می‌کند GerYeh MiKoNad	گریه خواهد کرد GerYeh KhaaHad Kard	گریه کرد GerYeh Kard
First-person plural	گریه کرده بودیم GerYeh KarDeh BooDim	گریه می‌کردیم GerYeh MiKarDim	گریه کرده‌ایم GerYeh KarDehEem	گریه می‌کنیم GerYeh MiKoNim	گریه خواهیم کرد GerYeh KhaaHim Kard	گریه کردیم GerYeh KarDim
Second-person plural	گریه کرده بودید GerYeh KarDeh BooDid	گریه می‌کردید GerYeh MiKarDid	گریه کرده‌اید GerYeh KarDehEed	گریه می‌کنید GerYeh MiKoNid	گریه خواهید کرد GerYeh KhaaHid Kard	گریه کردید GerYeh KarDid
Third-person plural	گریه کرده بودند GerYeh KarDeh BooDand	گریه می‌کردند GerYeh MiKarDand	گریه کرده‌اند GerYeh KarDehAnd	گریه می‌کنند GerYeh MiKoNand	گریه خواهند کرد GerYeh KhaaHand Kard	گریه کردند GerYeh KarDand

Present Tense: He cries in front of me.	Oo JeLoYe Man GerYeh MiKoNad.	او جلوی من گریه می‌کند.
Past Tense: He cried in front of me.	Oo JeLoYe Man GerYeh Kard.	او جلوی من گریه کرد.
Future Tense: He will cry in front of me.	Oo JeLoYe Man GerYeh KhaaHad Kard.	او جلوی من گریه خواهد کرد.

Verb	Translation	Transliteration
To dance	رقصیدن	RaqSiDan

	Past Perfect Tense	Past Progressive Tense	Present Perfect Tense	Present Tense	Future Tense	Simple Past Tense
First-person singular	رقصیده بودم RaqSiDeh BooDam	می‌رقصیدم MiRaqSiDam	رقصیده ام RaqSiDeham	می‌رقصم MiRaqSam	خواهم رقصید KhaaHam RaqSid	رقصیدم RaqSiDam
Second-person singular	رقصیده بودی RaqSiDeh BooDy	می‌رقصیدی MiRaqSiDy	رقصیده ای RaqSiDehEe	می‌رقصی MiRaqSy	خواهی رقصید KhaaHy RaqSid	رقصیدی RaqSiDy
Third-person singular	رقصیده بود RaqSiDeh Bood	می‌رقصید MiRaqSid	رقصیده است RaqSiDeh Ast	می‌رقصد MiRaqSad	خواهد رقصید KhaaHad RaqSid	رقصید RaqSid
First-person plural	رقصیده بودیم RaqSiDeh BooDim	می‌رقصیدیم MiRaqSiDim	رقصیده ایم RaqSiDehEem	می‌رقصیم MiRaqSim	خواهیم رقصید KhaaHim RaqSid	رقصیدیم RaqSiDim
Second-person plural	رقصیده بودید RaqSiDeh BooDid	می‌رقصیدید MiRaqSiDid	رقصیده اید RaqSiDehEed	می‌رقصید MiRaqSiD	خواهید رقصید KhaaHid RaqSid	رقصیدید RaqSiDid
Third-person plural	رقصیده بودند RaqSiDeh BooDand	می‌رقصیدند MiRaqSiDand	رقصیده اند RaqSiDehAnd	می‌رقصند MiRaqSand	خواهند رقصید KhaaHand RaqSid	رقصیدند RaqSiDand

Present Tense: They dance together.	AanHaa Baa Ham MiRaqSand.	آنها با هم می‌رقصند.
Past Tense: They danced together.	AanHaa Baa Ham RaqSiDand.	آنها با هم رقصیدند.
Future Tense: They will dance together.	AanHaa Baa Ham KhaaHand RaqSid.	آنها با هم خواهند رقصید.

Verb	Translation	Transliteration
To decide	تصمیم گرفتن	TasMim GeRefTan

	Past Perfect Tense	Past Progressive Tense	Present Perfect Tense	Present Tense	Future Tense	Simple Past Tense
First-person singular	تصمیم گرفته بودم TasMim GeRefTeh BooDam	تصمیم می‌گرفتم TasMim MiGeRefTam	تصمیم گرفته‌ام TasMim GeRefTehAm	تصمیم می‌گیرم TasMim MiGiRam	تصمیم خواهم گرفت TasMim KhaaHam GeReft	تصمیم گرفتم TasMim GeRefTam
Second-person singular	تصمیم گرفته بودی TasMim GeRefTeh BooDy	تصمیم می‌گرفتی TasMim MiGeRefTy	تصمیم گرفته‌ای TasMim GeRefTehEe	تصمیم می‌گیری TasMim MiGiRy	تصمیم خواهی گرفت TasMim KhaaHy GeReft	تصمیم گرفتی TasMim GeRefTi
Third-person singular	تصمیم گرفته بود TasMim GeRefTeh Bood	تصمیم می‌گرفت TasMim MiGeReft	تصمیم گرفته است TasMim GeRefTeh Ast	تصمیم می‌گیرد TasMim MiGiRad	تصمیم خواهد گرفت TasMim KhaaHad GeReft	تصمیم گرفت TasMim GeReft
First-person plural	تصمیم گرفته بودیم TasMim GeRefTeh BooDim	تصمیم می‌گرفتیم TasMim MiGeRefTim	تصمیم گرفته‌ایم TasMim GeRefTehEem	تصمیم می‌گیریم TasMim MiGiRim	تصمیم خواهیم گرفت TasMim KhaaHim GeReft	تصمیم گرفتیم TasMim GeRefTim
Second-person plural	تصمیم گرفته بودید TasMim GeRefTeh BooDid	تصمیم می‌گرفتید TasMim MiGeRefTid	تصمیم گرفته‌اید TasMim GeRefTehEed	تصمیم می‌گیرید TasMim MiGiRid	تصمیم خواهید گرفت TasMim KhaaHid GeReft	تصمیم گرفتید TasMim GeRefTid
Third-person plural	تصمیم گرفته بودند TasMim GeRefTeh BooDand	تصمیم می‌گرفتند TasMim MiGeRefTand	تصمیم گرفته‌اند TasMim GeRefTehAnd	تصمیم می‌گیرند TasMim MiGiRand	تصمیم خواهند گرفت TasMim KhaaHand GeReft	تصمیم گرفتند TasMim GeRefTand

Present Tense: Kobra decides.	KobRaa TasMim MiGiRad.	کبری تصمیم می‌گیرد.
Past Tense: Kobra decided.	KobRaa TasMim GeReft.	کبری تصمیم گرفت.
Future Tense: Kobra will decide.	KobRaa TasMim KhaaHad GeReft.	کبری تصمیم خواهد گرفت.

Verb	Translation	Transliteration
To decrease	کاهش دادن	KaHesh DaaDan

	Past Perfect Tense	Past Progressive Tense	Present Perfect Tense	Present Tense	Future Tense	Simple Past Tense
First-person singular	کاهش داده بودم KaHesh DaaDeh BooDam	کاهش میدادم KaHesh MiDaaDam	کاهش داده ام KaHesh DaaDehAm	کاهش میدهم KaHesh MiDaHam	کاهش خواهم داد KaHesh KhaaHam Daad	کاهش دادم KaHesh DaaDam
Second-person singular	کاهش داده بودی KaHesh DaaDeh BooDy	کاهش میدادی KaHesh MiDaaDy	کاهش داده ای KaHesh DaaDehEe	کاهش میدهی KaHesh MiDaHy	کاهش خواهی داد KaHesh KhaaHy Daad	کاهش دادی KaHesh DaaDy
Third-person singular	کاهش داده بود KaHesh DaaDeh Bood	کاهش میداد KaHesh MiDaad	کاهش داده است KaHesh dadeh Ast	کاهش میدهد KaHesh MiDaHad	کاهش خواهد داد KaHesh KhaaHad Daad	کاهش داد KaHesh Daad
First-person plural	کاهش داده بودیم KaHesh DaaDeh BooDim	کاهش میدادیم KaHesh MiDaaDim	کاهش داده ایم KaHesh DaaDehEem	کاهش میدهیم KaHesh MiDaHim	کاهش خواهیم داد KaHesh KhaaHim Daad	کاهش دادیم KaHesh DaaDim
Second-person plural	کاهش داده بودید KaHesh DaaDeh BooDid	کاهش میدادید KaHesh MiDaaDid	کاهش داده اید KaHesh DaaDehEed	کاهش میدهید KaHesh MiDaHid	کاهش خواهید داد KaHesh KhaaHid Daad	کاهش دادید KaHesh DaaDid
Third-person plural	کاهش داده بودند KaHesh DaaDeh BooDand	کاهش میدادند KaHesh MiDaaDand	کاهش داده اند KaHesh DaaDehAnd	کاهش میدهند KaHesh MiDaHand	کاهش خواهند داد KaHesh KhaaHand Daad	کاهش دادند KaHesh DaaDand

Present Tense: Shahnaz decreases the room temperature by 5° Celsius.	ShahNaaz DaMaaYe OTaaq Raa Panj DaRaJeh-Ye SelSiYus KaaHesh MiDaHad.	شهناز دمای اتاق را 5 درجه سلسیوس کاهش می‌دهد.
Past Tense: Shahnaz decreased the room temperature by 5° Celsius.	ShahNaaz DaMaaYe OTaaq Raa Panj DaRaJeh-Ye SelSiYus KaaHesh Daad.	شهناز دمای اتاق را 5 درجه سلسیوس کاهش داد.
Future Tense: Shahnaz will decrease the room temperature by 5° Celsius.	ShahNaaz DaMaaYe OTaaq Raa Panj DaRaJeh-Ye SelSiYus KaaHesh KhaaHad Daad.	شهناز دمای اتاق را 5 درجه سلسیوس کاهش خواهد داد.

Verb	Translation	Transliteration
To die	مردن	MorDan

	Past Perfect Tense	Past Progressive Tense	Present Perfect Tense	Present Tense	Future Tense	Simple Past Tense
First-person singular	مرده بودم MorDeh BooDam	می‌مردم MiMorDam	مرده ام MorDehAm	می‌میرم MiMiRam	خواهم مرد KhaaHam Mord	مردم MorDam
Second-person singular	مرده بودی MorDeh BooDy	می‌مردی MiMorDy	مرده ای MorDehEe	می‌میری MiMiRy	خواهی مرد KhaaHy Mord	مردی MorDy
Third-person singular	مرده بود MorDeh Bood	می‌مرد MiMord	مرده است MorDeh Ast	می‌میرد MiMiRad	خواهد مرد KhaaHad Mord	مرد Mord
First-person plural	مرده بودیم MorDeh BooDim	می‌مردیم MiMorDim	مرده ایم MorDehEem	می‌میریم MiMiRim	خواهیم مرد KhaaHim Mord	مردیم MorDim
Second-person plural	مرده بودید MorDeh BooDid	می‌مردید MiMorDid	مرده اید MorDehEed	می‌میرید MiMiRid	خواهید مرد KhaaHid Mord	مردید MorDid
Third-person plural	مرده بودند MorDeh BooDand	می‌مردند MiMorDand	مرده اند MorDehAnd	می‌میرند MiMiRand	خواهند مرد KhaaHand Mord	مردند MorDand

Present Tense: They all die of hunger.	HaMe-Ye AanHaa Az GoRosNeGy MiMiRand.	همه آنها از گرسنگی می‌میرند.
Past Tense: They all died of hunger.	HaMe-Ye AanHaa Az GoRosNeGy MorDand.	همه آنها از گرسنگی مردند.
Future Tense: They all will die of hunger.	HaMe-Ye AanHaa Az GoRosNeGy KhaaHand Mord.	همه آنها از گرسنگی خواهند مرد.

Verb	Translation	Transliteration
To do	کردن	KarDan

	Past Perfect Tense	Past Progressive Tense	Present Perfect Tense	Present Tense	Future Tense	Simple Past Tense
First-person singular	کرده بودم KarDeh BooDam	می‌کردم MiKarDam	کرده ام KarDehAm	می‌کنم MiKoNam	خواهم کرد KhaaHam Kard	کردم KarDam
Second-person singular	کرده بودی KarDeh BooDy	می‌کردی MiKarDy	کرده ای KarDehEe	می‌کنی MiKoNy	خواهی کرد KhaaHy Kard	کردی KarDy
Third-person singular	کرده بود KarDeh Bood	می‌کرد MiKard	کرده است KarDeh Ast	می‌کند MiKoNad	خواهد کرد KhaaHad Kard	کرد Kard
First-person plural	کرده بودیم KarDeh BooDim	می‌کردیم MiKarDim	کرده ایم KarDehEem	می‌کنیم MiKoNim	خواهیم کرد KhaaHim Kard	کردیم KarDim
Second-person plural	کرده بودید KarDeh BooDid	می‌کردید MiKarDid	کرده اید KarDehEed	می‌کنید MiKoNid	خواهید کرد KhaaHid Kard	کردید KarDid
Third-person plural	کرده بودند KarDeh BooDand	می‌کردند MiKarDand	کرده اند KarDehAnd	می‌کنند MiKoNand	خواهند کرد KhaaHand Kard	کردند KarDand

Present Tense: You do that.	To Aan Kaar Raa MiKoNy.	تو آن کار را می‌کنی.
Past Tense: You did that.	To Aan Kaar Raa KarDy.	تو آن کار را کردی.
Future Tense: You will do that.	To Aan Kaar Raa KhaaHy Kard.	تو آن کار را خواهی کرد.

Verb	Translation	Transliteration
To drink	نوشیدن	NooShiDan

	Past Perfect Tense	Past Progressive Tense	Present Perfect Tense	Present Tense	Future Tense	Simple Past Tense
First-person singular	نوشیده بودم NooShiDeh BooDam	می‌نوشیدم MiNooShiDam	نوشیده‌ام NooShiDehAm	می‌نوشم MiNooSham	خواهم نوشید KhaaHam NooShid	نوشیدم NooShiDam
Second-person singular	نوشیده بودی NooShiDeh BooDy	می‌نوشیدی MiNooShiDy	نوشیده‌ای NooShiDehEe	می‌نوشی MiNooShy	خواهی نوشید KhaaHy NooShid	نوشیدی NooShiDy
Third-person singular	نوشیده بود NooShiDeh Bood	می‌نوشید MiNooShid	نوشیده است NooShiDeh Ast	می‌نوشد MiNooShad	خواهد نوشید KhaaHad NooShid	نوشید NooShid
First-person plural	نوشیده بودیم NooShiDeh BooDim	می‌نوشیدیم MiNooShiDim	نوشیده‌ایم NooShiDehEem	می‌نوشیم MiNooShim	خواهیم نوشید KhaaHim NooShid	نوشیدیم NooShiDim
Second-person plural	نوشیده بودید NooShiDeh BooDid	می‌نوشیدید MiNooShiDid	نوشیده‌اید NooShiDehEed	می‌نوشید MiNooShiD	خواهید نوشید KhaaHid NooShid	نوشیدید NooShiDid
Third-person plural	نوشیده بودند NooShiDeh BooDand	می‌نوشیدند MiNooShiDand	نوشیده‌اند NooShiDehAnd	می‌نوشند MiNooShand	خواهند نوشید KhaaHand NooShid	نوشیدند NooShiDand

Present Tense: Mina drinks the water.	MiNaa Aab Raa MiNooShad.	مینا آب را می‌نوشد.
Past Tense: Mina drank the water.	MiNaa Aab Raa NooShid.	مینا آب را نوشید.
Future Tense: Mina will drink the water.	MiNaa Aab Raa KhaaHad NooShid.	مینا آب را خواهد نوشید.

Verb	Translation	Transliteration
To drive	راندن	RaanDan

	Past Perfect Tense	Past Progressive Tense	Present Perfect Tense	Present Tense	Future Tense	Simple Past Tense
First-person singular	رانده بودم RaanDeh BooDam	می راندم MiRaanDam	رانده ام RaanDehAm	می رانم MiRaaNam	خواهم راند KhaaHam Raand	راندم RaanDam
Second-person singular	رانده بودی RaanDeh BooDy	می راندی MiRaanDy	رانده ای RaanDehEe	می رانی MiRaaNy	خواهی راند KhaaHy Raand	راندی RaanDy
Third-person singular	رانده بود RaanDeh Bood	می راند MiRaand	رانده است RaanDeh Ast	می راند MiRaaNad	خواهد راند KhaaHad Raand	راند Raand
First-person plural	رانده بودیم RaanDeh BooDim	می راندیم MiRaanDim	رانده ایم RaanDehEem	می رانیم MiRaaNim	خواهیم راند KhaaHim Raand	راندیم RaanDim
Second-person plural	رانده بودید RaanDeh BooDid	می راندید MiRaanDid	رانده اید RaanDehEed	می رانید MiRaaNid	خواهید راند KhaaHid Raand	راندید RaanDid
Third-person plural	رانده بودند RaanDeh BooDand	می راندند MiRaanDand	رانده اند RaanDehAnd	می رانند MiRaaNand	خواهند راند KhaaHand Raand	راندند RaanDand

Present Tense: Shahin drives the PayKaan.	ShaHin PayKaan Raa MiRaanad.	شهین پیکان را می راند.
Past Tense: Shahin drove the PayKaan.	ShaHin PayKaan Raa Raand.	شهین پیکان را راند.
Future Tense: Shahin will drive the PayKaan.	ShaHin PayKaan Raa KhaaHad Raand.	شهین پیکان را خواهد راند.

Verb	Translation	Transliteration
To eat	خوردن	KhorDan

	Past Perfect Tense	Past Progressive Tense	Present Perfect Tense	Present Tense	Future Tense	Simple Past Tense
First-person singular	خورده بودم KhorDeh BooDam	می‌خوردم MiKhorDam	خورده ام KhorDehAm	می‌خورم MiKhoRam	خواهم خورد KhaaHam Khord	خوردم KhorDam
Second-person singular	خورده بودی KhorDeh BooDy	می‌خوردی MiKhorDy	خورده ای KhorDehEe	می‌خوری MiKhoRy	خواهی خورد KhaaHy Khord	خوردی KhorDy
Third-person singular	خورده بود KhorDeh Bood	می‌خورد MiKhord	خورده است KhorDeh Ast	می‌خورد MiKhoRad	خواهد خورد KhaaHad Khord	خورد Khord
First-person plural	خورده بودیم KhorDeh BooDim	می‌خوردیم MiKhorDim	خورده ایم KhorDehEem	می‌خوریم MiKhoRim	خواهیم خورد KhaaHim Khord	خوردیم KhorDim
Second-person plural	خورده بودید KhorDeh BooDid	می‌خوردید MiKhorDid	خورده اید KhorDehEed	می‌خورید MiKhoRid	خواهید خورد KhaaHid Khord	خوردید KhorDid
Third-person plural	خورده بودند KhorDeh BooDand	می‌خوردند MiKhorDand	خورده اند KhorDehAnd	می‌خورند MiKhoRand	خواهند خورد KhaaHand Khord	خوردند KhorDand

Present Tense: We eat Kale-Pacheh for breakfast.	Maa BaRaaYe SobHaaNeh, KalLePaCheh MiKhoRim.	ما برای صبحانه، کله‌پاچه می‌خوریم.
Past Tense: We ate Kale-Pacheh for breakfast.	Maa BaRaaYe SobHaaNeh, KalLePaCheh KhorDim.	ما برای صبحانه، کله‌پاچه خوردیم.
Future Tense: We will eat Kale-Pacheh for breakfast.	Maa BaRaaYe SobHaaNeh, KalLePaCheh KhaaHim Khord.	ما برای صبحانه، کله‌پاچه خواهیم خورد.

Verb	Translation	Transliteration
To enter	داخل شدن	DaaKhel ShoDan

	Past Perfect Tense	Past Progressive Tense	Present Perfect Tense	Present Tense	Future Tense	Simple Past Tense
First-person singular	داخل شده بودم DaaKhel ShoDeh BooDam	داخل می‌شدم DaaKhel MiShoDam	داخل شده ام DaaKhel ShoDehAm	داخل می‌شوم DaaKhel MiShaWam	داخل خواهم شد DaaKhel KhaaHam Shod	داخل شدم DaaKhel ShoDam
Second-person singular	داخل شده بودی DaaKhel ShoDeh BooDy	داخل می‌شدی DaaKhel MiShoDy	داخل شده ای DaaKhel ShoDehEe	داخل می‌شوی DaaKhel MiShaWy	داخل خواهی شد DaaKhel KhaaHy Shod	داخل شدی DaaKhel Shody
Third-person singular	داخل شده بود DaaKhel ShoDeh Bood	داخل می‌شد DaaKhel MiShod	داخل شده است DaaKhel ShoDeh Ast	داخل می‌شود DaaKhel MiShaWad	داخل خواهد شد DaaKhel KhaaHad Shod	داخل شد DaaKhel Shod
First-person plural	داخل شده بودیم DaaKhel ShoDeh BooDim	داخل می‌شدیم DaaKhel MiShoDim	داخل شده ایم DaaKhel ShoDehEem	داخل می‌شویم DaaKhel MiShaWim	داخل خواهیم شد DaaKhel KhaaHim Shod	داخل شدیم DaaKhel ShoDim
Second-person plural	داخل شده بودید DaaKhel ShoDeh BooDid	داخل می‌شدید DaaKhel MiShoDid	داخل شده اید DaaKhel ShoDehEed	داخل می‌شوید DaaKhel MiShaWid	داخل خواهید شد DaaKhel KhaaHid Shod	داخل شدید DaaKhel ShoDid
Third-person plural	داخل شده بودند DaaKhel ShoDeh BooDand	داخل می‌شدند DaaKhel MiShoDand	داخل شده اند DaaKhel ShoDehAnd	داخل می‌شوند DaaKhel MiShaWand	داخل خواهند شد DaaKhel KhaaHand Shod	داخل شدند DaaKhel ShoDand

Present Tense: The cold wind enters the room.	Baad-e Sard WaRed-e OTaaq MiShaWad.	باد سرد وارد اتاق می‌شود.
Past Tense: The cold wind entered the room.	Baad-e Sard WaRed-e OTaaq Shod.	باد سرد وارد اتاق شد.
Future Tense: The cold will wind entered the room.	Baad-e Sard WaRed-e OTaaq KhaaHad Shod.	باد سرد وارد اتاق خواهد شد.

Verb	Translation	Transliteration
To exit	خارج شدن	KhaaRej ShoDan

	Past Perfect Tense	**Past Progressive Tense**	**Present Perfect Tense**	**Present Tense**	**Future Tense**	**Simple Past Tense**
First-person singular	خارج شده بودم KhaaRej ShoDeh BooDam	خارج می‌شدم KhaaRej MiShoDam	خارج شده‌ام KhaaRej ShoDehAm	خارج می‌شوم KhaaRej MiShaWam	خارج خواهم شد KhaaRej KhaaHam Shod	خارج شدم KhaaRej ShoDam
Second-person singular	خارج شده بودی KhaaRej ShoDeh BooDy	خارج می‌شدی KhaaRej MiShoDy	خارج شده‌ای KhaaRej ShoDehEe	خارج می‌شوی KhaaRej MiShaWy	خارج خواهی شد KhaaRej KhaaHy Shod	خارج شدی KhaaRej Shody
Third-person singular	خارج شده بود KhaaRej ShoDeh Bood	خارج می‌شد KhaaRej MiShod	خارج شده است KhaaRej ShoDeh Ast	خارج می‌شود KhaaRej MiShaWad	خارج خواهد شد KhaaRej KhaaHad Shod	خارج شد KhaaRej Shod
First-person plural	خارج شده بودیم KhaaRej ShoDeh BooDim	خارج می‌شدیم KhaaRej MiShoDim	خارج شده‌ایم KhaaRej ShoDehEem	خارج می‌شویم KhaaRej MiShaWim	خارج خواهیم شد KhaaRej KhaaHim Shod	خارج شدیم KhaaRej ShoDim
Second-person plural	خارج شده بودید KhaaRej ShoDeh BooDid	خارج می‌شدید KhaaRej MiShoDid	خارج شده‌اید KhaaRej ShoDehEed	خارج می‌شوید KhaaRej MiShaWid	خارج خواهید شد KhaaRej KhaaHid Shod	خارج شدید KhaaRej ShoDid
Third-person plural	خارج شده بودند KhaaRej ShoDeh BooDand	خارج می‌شدند KhaaRej MiShoDand	خارج شده‌اند KhaaRej ShoDehAnd	خارج می‌شوند KhaaRej MiShaWand	خارج خواهند شد KhaaRej KhaaHand Shod	خارج شدند KhaaRej ShoDand

Present Tense: Warm air exits quickly.	HaWaaYe Garm Beh SorAt KhaaRej MiShaWad.	هوای گرم به سرعت خارج می‌شود.
Past Tense: Warm air exited quickly.	HaWaaYe Garm Beh SorAt KhaaRej Shod.	هوای گرم به سرعت خارج شد.
Future Tense: Warm air will exit quickly.	HaWaaYe Garm Beh SorAt KhaaRej KhaaHad Shod.	هوای گرم به سرعت خارج خواهد شد.

Verb	Translation	Transliteration
To explain	توضیح دادن	ToZih DaaDan

	Past Perfect Tense	Past Progressive Tense	Present Perfect Tense	Present Tense	Future Tense	Simple Past Tense
First-person singular	توضیح داده بودم ToZih DaaDeh BooDam	توضیح می‌دادم ToZih MiDaaDam	توضیح داده‌ام ToZih DaaDehAm	توضیح می‌دهم ToZih MiDaHam	توضیح خواهم داد ToZih KhaaHam Daad	توضیح دادم ToZih DaaDam
Second-person singular	توضیح داده بودی ToZih DaaDeh BooDy	توضیح می‌دادی ToZih MiDaaDy	توضیح داده‌ای ToZih DaaDehEe	توضیح می‌دهی ToZih MiDaHy	توضیح خواهی داد ToZih KhaaHy Daad	توضیح دادی ToZih DaaDy
Third-person singular	توضیح داده بود ToZih DaaDeh Bood	توضیح می‌داد ToZih MiDaad	توضیح داده است ToZih dadeh Ast	توضیح می‌دهد ToZih MiDaHad	توضیح خواهد داد ToZih KhaaHad Daad	توضیح داد ToZih Daad
First-person plural	توضیح داده بودیم ToZih DaaDeh BooDim	توضیح می‌دادیم ToZih MiDaaDim	توضیح داده‌ایم ToZih DaaDehEem	توضیح می‌دهیم ToZih MiDaHim	توضیح خواهیم داد ToZih KhaaHim Daad	توضیح دادیم ToZih DaaDim
Second-person plural	توضیح داده بودید ToZih DaaDeh BooDid	توضیح می‌دادید ToZih MiDaaDid	توضیح داده‌اید ToZih DaaDehEed	توضیح می‌دهید ToZih MiDaHid	توضیح خواهید داد ToZih KhaaHid Daad	توضیح دادید ToZih DaaDid
Third-person plural	توضیح داده بودند ToZih DaaDeh BooDand	توضیح می‌دادند ToZih MiDaaDand	توضیح داده‌اند ToZih DaaDehAnd	توضیح می‌دهند ToZih MiDaHand	توضیح خواهند داد ToZih KhaaHand Daad	توضیح دادند ToZih DaaDand

Present Tense: Raham explains everything to the teacher.	RaHaam HaMeh Chiz Raa BaRaaYe AaMoozGaar ToZih MiDaHad.	رهام همه چیز را برای آموزگار توضیح می‌دهد.
Past Tense: Raham explained everything to the teacher.	RaHaam HaMeh Chiz Raa BaRaaYe AaMoozGaar ToZih Daad.	رهام همه چیز را برای آموزگار توضیح داد.
Future Tense: Raham will explain everything to the teacher.	RaHaam HaMeh Chiz Raa BaRaaYe AaMoozGaar ToZih KhaaHad Daad.	رهام همه چیز را برای آموزگار توضیح خواهد داد.

Verb	Translation	Transliteration
To fall	افتادن	OfTaaDan

	Past Perfect Tense	Past Progressive Tense	Present Perfect Tense	Present Tense	Future Tense	Simple Past Tense
First-person singular	افتاده بودم OfTaaDeh BooDam	می افتادم MiOfTaaDam	افتاده ام OfTaaDehAm	می افتم MiOfTam	خواهم افتاد KhaaHam OfTaad	افتادم OfTaaDam
Second-person singular	افتاده بودی OfTaaDeh BooDy	می افتادی MiOfTaaDy	افتاده ای OfTaaDehEe	می افتی MiOfTy	خواهی افتاد KhaHy OfTaad	افتادی OfTaaDy
Third-person singular	افتاده بود OfTaaDeh Bood	می افتاد MiOfTaaD	افتاده است OfTaaDeh Ast	می افتد MiOfTad	خواهد افتاد KhaaHad OfTaad	افتاد OfTaad
First-person plural	افتاده بودیم OfTaaDeh BooDim	می افتادیم MiOfTaaDim	افتاده ایم OfTaaDehEem	می افتیم MiOfTim	خواهیم افتاد KhaaHim OfTaad	افتادیم OfTaaDim
Second-person plural	افتاده بودید OfTaaDeh BooDid	می افتادید MiOfTaaDid	افتاده اید OfTaaDehEed	می افتید MiOfTid	خواهید افتاد KhaaHid OfTaad	افتادید OfTaaDid
Third-person plural	افتاده بودند OfTaaDeh BooDand	می افتادند MiOfTaaDand	افتاده اند OfTaaDehAnd	می افتند MiOfTand	خواهند افتاد KhaaHand OfTaad	افتادند OfTaaDand

Present Tense: I fall on the ground.	Man Beh ZaMin MiOfTam.	من به زمین می افتم.
Past Tense: I fell on the ground.	Man Beh ZaMin OfTaaDam.	من به زمین افتادم.
Future Tense: I will fall on the ground.	Man Beh ZaMin KhaaHam OfTaad.	من به زمین خواهم افتاد.

Verb	Translation	Transliteration
To feel	احساس کردن	EhSaas KarDan

	Past Perfect Tense	Past Progressive Tense	Present Perfect Tense	Present Tense	Future Tense	Simple Past Tense
First-person singular	احساس کرده بودم EhSaas KarDeh BooDam	احساس می‌کردم EhSaas MiKarDam	احساس کرده ام EhSaas KarDehAm	احساس می‌کنم EhSaas MiKoNam	احساس خواهم کرد EhSaas KhaaHam Kard	احساس کردم EhSaas KarDam
Second-person singular	احساس کرده بودی EhSaas KarDeh BooDy	احساس می‌کردی EhSaas MiKarDy	احساس کرده ای EhSaas KarDehEe	احساس می‌کنی EhSaas MiKoNy	احساس خواهی کرد EhSaas KhaaHy Kard	احساس کردی EhSaas KarDy
Third-person singular	احساس کرده بود EhSaas KarDeh Bood	احساس می‌کرد EhSaas MiKard	احساس کرده است EhSaas KarDeh Ast	احساس می‌کند EhSaas MiKoNad	احساس خواهد کرد EhSaas KhaaHad Kard	احساس کرد EhSaas Kard
First-person plural	احساس کرده بودیم EhSaas KarDeh BooDim	احساس می‌کردیم EhSaas MiKarDim	احساس کرده ایم EhSaas KarDehEem	احساس می‌کنیم EhSaas MiKoNim	احساس خواهیم کرد EhSaas KhaaHim Kard	احساس کردیم EhSaas KarDim
Second-person plural	احساس کرده بودید EhSaas KarDeh BooDid	احساس می‌کردید EhSaas MiKarDid	احساس کرده اید EhSaas KarDehEed	احساس می‌کنید EhSaas MiKoNid	احساس خواهید کرد EhSaas KhaaHid Kard	احساس کردید EhSaas KarDid
Third-person plural	احساس کرده بودند EhSaas KarDeh BooDand	احساس می‌کردند EhSaas MiKarDand	احساس کرده اند EhSaas KarDehAnd	احساس می‌کنند EhSaas MiKoNand	احساس خواهند کرد EhSaas KhaaHand Kard	احساس کردند EhSaas KarDand

Present Tense: She feels pain.	Oo Dard Raa EhSaas MiKoNad.	او درد را احساس می‌کند.
Past Tense: She felt pain.	Oo Dard Raa EhSaas MiKard.	او درد را احساس کرد.
Future Tense: She will feel pain.	Oo Dard Raa EhSaas KhaaHad Kard.	او درد را احساس خواهد کرد.

Verb	Translation	Transliteration
To fight	جنگیدن	JanGiDan

	Past Perfect Tense	Past Progressive Tense	Present Perfect Tense	Present Tense	Future Tense	Simple Past Tense
First-person singular	جنگیده بودم JanGiDeh BooDam	می‌جنگیدم MiJanGiDam	جنگیده ام JanGiDehAm	می‌جنگم MiJanGam	خواهم جنگید KhaaHam JanGid	جنگیدم JanGiDam
Second-person singular	جنگیده بودی JanGiDeh BooDy	می‌جنگیدی MiJanGiDy	جنگیده ای JanGiDehEe	می‌جنگی MiJanGy	خواهی جنگید KhaaHy JanGid	جنگیدی JanGiDy
Third-person singular	جنگیده بود JanGiDeh Bood	می‌جنگید MiJanGid	جنگیده است JanGiDeh Ast	می‌جنگد MiJanGad	خواهد جنگید KhaaHad JanGid	جنگید JanGid
First-person plural	جنگیده بودیم JanGiDeh BooDim	می‌جنگیدیم MiJanGiDim	جنگیده ایم JanGiDehEem	می‌جنگیم MiJanGim	خواهیم جنگید KhaaHim JanGid	جنگیدیم JanGiDim
Second-person plural	جنگیده بودید JanGiDeh BooDid	می‌جنگیدید MiJanGiDid	جنگیده اید JanGiDehEed	می‌جنگید MiJanGid	خواهید جنگید KhaaHid JanGid	جنگیدید JanGiDid
Third-person plural	جنگیده بودند JanGiDeh BooDand	می‌جنگیدند MiJanGiDand	جنگیده اند JanGiDehAnd	می‌جنگند MiJanGand	خواهند جنگید KhaaHand JanGid	جنگیدند JanGiDand

Present Tense: They fight.	AanHaa MiJanGand.	آنها می‌جنگند.
Past Tense: They fought.	AanHaa JanGiDand.	آنها جنگیدند.
Future Tense: They will fight.	AanHaa KhaaHand JanGid.	آنها خواهند جنگید.

Verb	Translation	Transliteration
To find	پیدا / کردن	PayDaa KarDan

	Past Perfect Tense	Past Progressive Tense	Present Perfect Tense	Present Tense	Future Tense	Simple Past Tense
First-person singular	پیدا / کرده بودم PayDaa KarDeh BooDam	پیدا / می‌کردم PayDaa MiKarDam	پیدا / کرده‌ام PayDaa KarDehAm	پیدا / می‌کنم PayDaa MiKoNam	پیدا / خواهم کرد PayDaa KhaaHam Kard	پیدا / کردم PayDaa KarDam
Second-person singular	پیدا / کرده بودی PayDaa KarDeh BooDy	پیدا / می‌کردی PayDaa MiKarDy	پیدا / کرده‌ای PayDaa KarDehEe	پیدا / می‌کنی PayDaa MiKoNy	پیدا / خواهی کرد PayDaa KhaaHy Kard	پیدا / کردی PayDaa KarDy
Third-person singular	پیدا / کرده بود PayDaa KarDeh Bood	پیدا / می‌کرد PayDaa MiKard	پیدا / کرده است PayDaa KarDeh Ast	پیدا / می‌کند PayDaa MiKoNad	پیدا / خواهد کرد PayDaa KhaaHad Kard	پیدا / کرد PayDaa Kard
First-person plural	پیدا / کرده بودیم PayDaa KarDeh BooDim	پیدا / می‌کردیم PayDaa MiKarDim	پیدا / کرده‌ایم PayDaa KarDehEem	پیدا / می‌کنیم PayDaa MiKoNim	پیدا / خواهیم کرد PayDaa KhaaHim Kard	پیدا / کردیم PayDaa KarDim
Second-person plural	پیدا / کرده بودید PayDaa KarDeh BooDid	پیدا / می‌کردید PayDaa MiKarDid	پیدا / کرده‌اید PayDaa KarDehEed	پیدا / می‌کنید PayDaa MiKoNid	پیدا / خواهید کرد PayDaa KhaaHid Kard	پیدا / کردید PayDaa KarDid
Third-person plural	پیدا / کرده بودند PayDaa KarDeh BooDand	پیدا / می‌کردند PayDaa MiKarDand	پیدا / کرده‌اند PayDaa KarDehAnd	پیدا / می‌کنند PayDaa MiKoNand	پیدا / خواهند کرد PayDaa KhaaHand Kard	پیدا / کردند PayDaa KarDand

Present Tense: I find the book.	Man KeTaab Raa PayDaa MiKoNam.	من کتاب را پیدا می‌کنم.
Past Tense: I found the book.	Man KeTaab Raa PayDaa KarDam.	من کتاب را پیدا کردم.
Future Tense: I will find the book.	Man KeTaab Raa PayDaa KhaaHam Kard.	من کتاب را پیدا خواهم کرد.

Verb	Translation	Transliteration
To finish	تمام کردن	TaMaam KarDan

	Past Perfect Tense	Past Progressive Tense	Present Perfect Tense	Present Tense	Future Tense	Simple Past Tense
First-person singular	تمام کرده بودم TaMaam KarDeh BooDam	تمام می‌کردم TaMaam MiKarDam	تمام کرده‌ام TaMaam KarDehAm	تمام می‌کنم TaMaam MiKoNam	تمام خواهم کرد TaMaam KhaaHam Kard	تمام کردم TaMaam KarDam
Second-person singular	تمام کرده بودی TaMaam KarDeh BooDy	تمام می‌کردی TaMaam MiKarDy	تمام کرده‌ای TaMaam KarDehEe	تمام می‌کنی TaMaam MiKoNy	تمام خواهی کرد TaMaam KhaaHy Kard	تمام کردی TaMaam KarDy
Third-person singular	تمام کرده بود TaMaam KarDeh Bood	تمام می‌کرد TaMaam MiKard	تمام کرده است TaMaam KarDeh Ast	تمام می‌کند TaMaam MiKoNad	تمام خواهد کرد TaMaam KhaaHad Kard	تمام کرد TaMaam Kard
First-person plural	تمام کرده بودیم TaMaam KarDeh BooDim	تمام می‌کردیم TaMaam MiKarDim	تمام کرده‌ایم TaMaam KarDehEem	تمام می‌کنیم TaMaam MiKoNim	تمام خواهیم کرد TaMaam KhaaHim Kard	تمام کردیم TaMaam KarDim
Second-person plural	تمام کرده بودید TaMaam KarDeh BooDid	تمام می‌کردید TaMaam MiKarDid	تمام کرده‌اید TaMaam KarDehEed	تمام می‌کنید TaMaam MiKoNid	تمام خواهید کرد TaMaam KhaaHid Kard	تمام کردید TaMaam KarDid
Third-person plural	تمام کرده بودند TaMaam KarDeh BooDand	تمام می‌کردند TaMaam MiKarDand	تمام کرده‌اند TaMaam KarDehAnd	تمام می‌کنند TaMaam MiKoNand	تمام خواهند کرد TaMaam KhaaHand Kard	تمام کردند TaMaam KarDand

Present Tense: He finishs his studies.	Oo MoTaaLe'AaTash Raa TaMaam MiKoNad.	او مطالعاتش را تمام می‌کند.
Past Tense: He finished his studies.	Oo MoTaaLe'AaTash Raa TaMaam Kard.	او مطالعاتش را تمام کرد.
Future Tense: He will finish his studies.	Oo MoTaaLe'AaTash Raa TaMaam KhaaHad Kard.	او مطالعاتش را تمام خواهد کرد.

Verb	Translation	Transliteration
To fly	پرواز کردن	ParVaaz KarDan

	Past Perfect Tense	Past Progressive Tense	Present Perfect Tense	Present Tense	Future Tense	Simple Past Tense
First-person singular	پرواز کرده بودم ParVaaz KarDeh BooDam	پرواز می‌کردم ParVaaz MiKarDam	پرواز کرده ام ParVaaz KarDehAm	پرواز می‌کنم ParVaaz MiKoNam	پرواز خواهم کرد ParVaaz KhaaHam Kard	پرواز کردم ParVaaz KarDam
Second-person singular	پرواز کرده بودی ParVaaz KarDeh BooDy	پرواز می‌کردی ParVaaz MiKarDy	پرواز کرده ای ParVaaz KarDehEe	پرواز می‌کنی ParVaaz MiKoNy	پرواز خواهی کرد ParVaaz KhaaHy Kard	پرواز کردی ParVaaz KarDy
Third-person singular	پرواز کرده بود ParVaaz KarDeh Bood	پرواز می‌کرد ParVaaz MiKard	پرواز کرده است ParVaaz KarDeh Ast	پرواز می‌کند ParVaaz MiKoNad	پرواز خواهد کرد ParVaaz KhaaHad Kard	پرواز کرد ParVaaz Kard
First-person plural	پرواز کرده بودیم ParVaaz KarDeh BooDim	پرواز می‌کردیم ParVaaz MiKarDim	پرواز کرده ایم ParVaaz KarDehEem	پرواز می‌کنیم ParVaaz MiKoNim	پرواز خواهیم کرد ParVaaz KhaaHim Kard	پرواز کردیم ParVaaz KarDim
Second-person plural	پرواز کرده بودید ParVaaz KarDeh BooDid	پرواز می‌کردید ParVaaz MiKarDid	پرواز کرده اید ParVaaz KarDehEed	پرواز می‌کنید ParVaaz MiKoNid	پرواز خواهید کرد ParVaaz KhaaHid Kard	پرواز کردید ParVaaz KarDid
Third-person plural	پرواز کرده بودند ParVaaz KarDeh BooDand	پرواز می‌کردند ParVaaz MiKarDand	پرواز کرده اند ParVaaz KarDehAnd	پرواز می‌کنند ParVaaz MiKoNand	پرواز خواهند کرد ParVaaz KhaaHand Kard	پرواز کردند ParVaaz KarDand

Present Tense: The bird flies.	PaRanDeh ParVaaz MiKoNad.	پرنده پرواز می‌کند.
Past Tense: The bird flied.	PaRanDeh ParVaaz Kard.	پرنده پرواز کرد.
Future Tense: The bird will fly.	PaRanDeh ParVaaz KhaaHad Kard.	پرنده پرواز خواهد کرد.

Verb	Translation	Transliteration
To forget	فراموش کردن	FaRaaMoosh KarDan

	Past Perfect Tense	Past Progressive Tense	Present Perfect Tense	Present Tense	Future Tense	Simple Past Tense
First-person singular	فراموش کرده بودم FaRaaMoosh KarDeh BooDam	فراموش می‌کردم FaRaaMoosh MiKarDam	فراموش کرده ام FaRaaMoosh KarDehAm	فراموش می‌کنم FaRaaMoosh MiKoNam	فراموش خواهم کرد FaRaaMoosh KhaaHam Kard	فراموش کردم FaRaaMoosh KarDam
Second-person singular	فراموش کرده بودی FaRaaMoosh KarDeh BooDy	فراموش می‌کردی FaRaaMoosh MiKarDy	فراموش کرده ای FaRaaMoosh KarDehEe	فراموش می‌کنی FaRaaMoosh MiKoNy	فراموش خواهی کرد FaRaaMoosh KhaaHy Kard	فراموش کردی FaRaaMoosh KarDy
Third-person singular	فراموش کرده بود FaRaaMoosh KarDeh Bood	فراموش می‌کرد FaRaaMoosh MiKard	فراموش کرده است FaRaaMoosh KarDeh Ast	فراموش می‌کند FaRaaMoosh MiKoNad	فراموش خواهد کرد FaRaaMoosh KhaaHad Kard	فراموش کرد FaRaaMoosh Kard
First-person plural	فراموش کرده بودیم FaRaaMoosh KarDeh BooDim	فراموش می‌کردیم FaRaaMoosh MiKarDim	فراموش کرده ایم FaRaaMoosh KarDehEem	فراموش می‌کنیم FaRaaMoosh MiKoNim	فراموش خواهیم کرد FaRaaMoosh KhaaHim Kard	فراموش کردیم FaRaaMoosh KarDim
Second-person plural	فراموش کرده بودید FaRaaMoosh KarDeh BooDid	فراموش می‌کردید FaRaaMoosh MiKarDid	فراموش کرده اید FaRaaMoosh KarDehEed	فراموش می‌کنید FaRaaMoosh MiKoNid	فراموش خواهید کرد FaRaaMoosh KhaaHid Kard	فراموش کردید FaRaaMoosh KarDid
Third-person plural	فراموش کرده بودند FaRaaMoosh KarDeh BooDand	فراموش می‌کردند FaRaaMoosh MiKarDand	فراموش کرده اند FaRaaMoosh KarDehAnd	فراموش می‌کنند FaRaaMoosh MiKoNand	فراموش خواهند کرد FaRaaMoosh KhaaHand Kard	فراموش کردند FaRaaMoosh KarDand

Present Tense: I forget names.	Man Naam-Haa Raa FaRaaMoosh MiKoNam.	من نام‌ها را فراموش می‌کنم.
Past Tense: I forgot names.	Man Naam-Haa Raa FaRaaMoosh KarDam.	من نامها را فراموش کردم.
Future Tense: I will forget names.	Man Naam-Haa Raa FaRaaMoosh KhaaHam Kard.	من نام‌ها را فراموش خواهم کرد.

Verb	Translation	Transliteration
To get up	بلند شدن	BoLand ShoDan

	Past Perfect Tense	Past Progressive Tense	Present Perfect Tense	Present Tense	Future Tense	Simple Past Tense
First-person singular	بلند شده بودم BoLand ShoDeh BooDam	بلند می‌شدم BoLand MiShoDam	بلند شده‌ام BoLand ShoDeh-am	بلند می‌شوم BoLand MiShaWam	بلند خواهم شد BoLand KhaaHam Shod	بلند شدم BoLand ShoDam
Second-person singular	بلند شده بودی BoLand ShoDeh BooDy	بلند می‌شدی BoLand MiShody	بلند شده‌ای BoLand ShoDehEe	بلند می‌شوی BoLand MiShaWy	بلند خواهی شد BoLand KhaaHy Shod	بلند شدی BoLand Shody
Third-person singular	بلند شده بود BoLand ShoDeh Bood	بلند می‌شد BoLand MiShod	بلند شده است BoLand ShoDeh Ast	بلند می‌شود BoLand MiShaWad	بلند خواهد شد BoLand KhaaHad Shod	بلند شد BoLand Shod
First-person plural	بلند شده بودیم BoLand ShoDeh BooDim	بلند می‌شدیم BoLand MiShoDim	بلند شده‌ایم BoLand ShoDehEem	بلند می‌شویم BoLand MiShaWim	بلند خواهیم شد BoLand KhaaHim Shod	بلند شدیم BoLand ShoDim
Second-person plural	بلند شده بودید BoLand ShoDeh BooDid	بلند می‌شدید BoLand MiShoDid	بلند شده‌اید BoLand ShoDehEed	بلند می‌شوید BoLand MiShaWid	بلند خواهید شد BoLand KhaaHid Shod	بلند شدید BoLand ShoDid
Third-person plural	بلند شده بودند BoLand ShoDeh BooDand	بلند می‌شدند BoLand MiShoDand	بلند شده‌اند BoLand ShoDehAnd	بلند می‌شوند BoLand MiShaWand	بلند خواهند شد BoLand KhaaHand Shod	بلند شدند BoLand ShoDand

Present Tense: You get up.	To BoLand MishaWy.	تو بلند می‌شوی.
Past Tense: You got up.	To BoLand Shody.	تو بلند شدی.
Future Tense: You will get up.	To BoLand KhaaHy Shod.	تو بلند خواهی شد.

Verb	Translation	Transliteration
To give	د ا د ن	DaaDan

	Past Perfect Tense	Past Progressive Tense	Present Perfect Tense	Present Tense	Future Tense	Simple Past Tense
First-person singular	د ا د ه بودم DaaDeh BooDam	می د ا د م MiDaaDam	د ا د ه ام DaaDehAm	می د ه م MiDaHam	خواهم د ا د KhaaHam Daad	د ا د م Daadam
Second-person singular	د ا د ه بودی DaaDeh BooDy	می د ا د ی MiDaaDy	د ا د ه ای DaaDehEe	می د ه ی MiDaHy	خواهی د ا د KhaaHy Daad	د ا د ی DaaDy
Third-person singular	د ا د ه بود DaaDeh Bood	می د ا د MiDaad	د ا د ه است DaaDeh Ast	می د ه د MiDaHad	خواهد د ا د KhaaHad Daad	د ا د Daad
First-person plural	د ا د ه بودیم DaaDeh BooDim	می د ا د یم MiDaaDim	د ا د ه ایم DaaDehEem	می د هیم MiDaHim	خواهیم د ا د KhaaHim Daad	د ا د یم Daadim
Second-person plural	د ا د ه بودید DaaDeh BooDid	می د ا د ید MiDaaDid	د ا د ه اید DaaDehEed	می د هید MiDaHid	خواهید د ا د KhaaHid Daad	د ا د ید Daadid
Third-person plural	د ا د ه بودند DaaDeh BooDand	می د ا د ند MiDaaDand	د ا د ه اند DaaDehAnd	می د هند MiDaHand	خواهند د ا د KhaaHand Daad	د ا د ند DaaDand

Present Tense: They give me the key.	AanHaa KeLid Raa Beh Man MiDaHand.	آنها کلید را به من می دهند.
Past Tense: They gave me the key.	AanHaa KeLid Raa Beh Man DaaDand.	آنها کلید را به من دادند.
Future Tense: They will give me the key.	AanHaa KeLid Raa Beh Man KhaaHand Daad.	آنها کلید را به من خواهند داد.

Verb	Translation	Transliteration
To go	رفتن	RafTan

	Past Perfect Tense	Past Progressive Tense	Present Perfect Tense	Present Tense	Future Tense	Simple Past Tense
First-person singular	رفته بودم RafTeh BooDam	می‌رفتم MiRafTam	رفته‌ام RafTehAm	می‌روم MiRaWam	خواهم رفت KhaaHam Raft	رفتم RafTam
Second-person singular	رفته بودی RafTeh BooDy	می‌رفتی MiRafTy	رفته‌ای RafTehEe	می‌روی MiRaWy	خواهی رفت KhaaHy Raft	رفتی RafTy
Third-person singular	رفته بود RafTeh Bood	می‌رفت MiRaft	رفته است RafTeh Ast	می‌رود MiRaWad	خواهد رفت KhaaHad Raft	رفت Raft
First-person plural	رفته بودیم RafTeh BooDim	می‌رفتیم MiRafTim	رفته‌ایم RafTehEem	می‌رویم MiRaWim	خواهیم رفت KhaaHim Raft	رفتیم RafTim
Second-person plural	رفته بودید RafTeh BooDid	می‌رفتید MiRafTid	رفته‌اید RafTehEed	می‌روید MiRaWid	خواهید رفت KhaaHid Raft	رفتید RafTid
Third-person plural	رفته بودند RafTeh BooDand	می‌رفتند MiRafTand	رفته‌اند RafTehAnd	می‌روند MiRaWand	خواهند رفت KhaaHand Raft	رفتند RafTand

Present Tense: She goes.	Oo MiRaWad.	او می‌رود.
Past Tense: She went.	Oo Raft.	او رفت.
Future Tense: She will go.	Oo KhaaHad Raft.	او خواهد رفت.

Verb	Translation	Transliteration
To happen	رخ دادن	Rokh DaaDan

	Past Perfect Tense	Past Progressive Tense	Present Perfect Tense	Present Tense	Future Tense	Simple Past Tense
First-person singular	–	–	–	–	–	–
Second-person singular	–	–	–	–	–	–
Third-person singular	رخ داده بود Rokh DaaDeh Bood	رخ می‌داد Rokh MiDaad	رخ داده است Rokh DaaDeh Ast	رخ می‌دهد Rokh MiDaHad	رخ خواهد داد Rokh KhaaHad Daad	رخ داد Rokh Daad
First-person plural	–	–	–	–	–	–
Second-person plural	–	–	–	–	–	–
Third-person plural	رخ داده بودند Rokh DaaDeh BooDand	رخ می‌دادند Rokh MiDaaDand	رخ داده‌اند Rokh DaaDehAnd	رخ می‌دهند Rokh MiDaHand	رخ خواهند داد Rokh KhaaHand Daad	رخ دادند Rokh DaaDand

Present Tense: Something happens.	EtTeFaQy Rokh MiDaHad.	اتفاقی رخ می‌دهد.
Past Tense: Something happened.	EtTeFaQy Rokh Daad.	اتفاقی رخ داد.
Future Tense: Something will happen.	EtTeFaQy Rokh KhaaHad Daad.	اتفاقی رخ خواهد داد.

Verb	Translation	Transliteration
To have	داشتن	DaashTan

	Past Perfect Tense	Past Progressive Tense	Present Perfect Tense	Present Tense	Future Tense	Simple Past Tense
First-person singular	داشته بودم DaashTeh BooDam	می داشتم MiDaashTam	داشته ام DaashTehAm	می دارم MiDaaRam	خواهم داشت KhaaHam Daasht	داشتم DaashTam
Second-person singular	داشته بودی DaashTeh BooDy	می داشتی MiDaashTy	داشته ای DaashTehEe	می داری MiDaaRy	خواهی داشت KhaaHy Daasht	داشتی DaashTy
Third-person singular	داشته بود DaashTeh Bood	می داشت MiDaasht	داشته است DaashTeh Ast	می دارد MiDaaRad	خواهد داشت KhaaHad Daasht	داشت Daasht
First-person plural	داشته بودیم DaashTeh BooDim	می داشتیم MiDaashTim	داشته ایم DaashTehEem	می داریم MiDaaRim	خواهیم داشت KhaaHim Daasht	داشتیم DaashTim
Second-person plural	داشته بودید DaashTeh BooDid	می داشتید MiDaashTid	داشته اید DaashTehEed	می دارید MiDaaRid	خواهید داشت KhaaHid Daasht	داشتید DaashTid
Third-person plural	داشته بودند DaashTeh BooDand	می داشتند MiDaashTand	داشته اند DaashTehAnd	می دارند MiDaaRand	خواهند داشت KhaaHand Daasht	داشتند DaashTand

Present Tense: I have an assistant.	Man Yek DastYaar DaaRam.	من یک دستیار دارم.
Past Tense: I had an assistant.	Man Yek DastYaar DaashTam.	من یک دستیار داشتم.
Future Tense: I will have an assistant.	Man Yek DastYaar KhaaHam Daasht.	من یک دستیار خواهم داشت.

Verb	Translation	Transliteration
To hear	شنیدن	SheNiDan

	Past Perfect Tense	Past Progressive Tense	Present Perfect Tense	Present Tense	Future Tense	Simple Past Tense
First-person singular	شنیده بودم SheNiDeh BooDam	می‌شنیدم MiSheNiDam	شنیده ام SheNiDehAm	می‌شنوم MiSheNaWam	خواهم شنید KhaaHam SheNid	شنیدم SheNiDam
Second-person singular	شنیده بودی SheNiDeh BooDy	می‌شنیدی MiSheNiDy	شنیده ای SheNiDehEe	می‌شنوی MiSheNaWy	خواهی شنید KhaaHy SheNid	شنیدی SheNiDy
Third-person singular	شنیده بود SheNiDeh Bood	می‌شنید MiSheNid	شنیده است SheNiDeh Ast	می‌شنود MiSheNaWad	خواهد شنید KhaaHad SheNid	شنید SheNid
First-person plural	شنیده بودیم SheNiDeh BooDim	می‌شنیدیم MiSheNiDim	شنیده ایم SheNiDehEem	می‌شنویم MiSheNaWim	خواهیم شنید KhaaHim SheNid	شنیدیم SheNiDim
Second-person plural	شنیده بودید SheNiDeh BooDid	می‌شنیدید MiSheNiDid	شنیده اید SheNiDehEed	می‌شنوید MiSheNaWid	خواهید شنید KhaaHid SheNid	شنیدید SheNiDid
Third-person plural	شنیده بودند SheNiDeh BooDand	می‌شنیدند MiSheNiDand	شنیده اند SheNiDehAnd	می‌شنوند MiSheNaWand	خواهند شنید KhaaHand SheNid	شنیدند SheNiDand

Present Tense: I hear the ring.	Man SeDaaYe Zang Raa MiSheNaWam.	من صدای زنگ را می‌شنوم.
Past Tense: I heard the ring.	Man SeDaaYe Zang Raa shenidam.	من صدای زنگ را شنیدم.
Future Tense: I will hear the ring.	Man SeDaaYe Zang Raa KhaaHam SheNid.	من صدای زنگ را خواهم شنید.

Verb	Translation	Transliteration
To help	کمک کردن	KoMak KarDan

	Past Perfect Tense	Past Progressive Tense	Present Perfect Tense	Present Tense	Future Tense	Simple Past Tense
First-person singular	کمک کرده بودم KoMak KarDeh BooDam	کمک می‌کردم KoMak MiKarDam	کمک کرده‌ام KoMak KarDehAm	کمک می‌کنم KoMak MiKoNam	کمک خواهم کرد KoMak KhaaHam Kard	کمک کردم KoMak KarDam
Second-person singular	کمک کرده بودی KoMak KarDeh BooDy	کمک می‌کردی KoMak MiKarDy	کمک کرده‌ای KoMak KarDehEe	کمک می‌کنی KoMak MiKoNy	کمک خواهی کرد KoMak KhaaHy Kard	کمک کردی KoMak KarDy
Third-person singular	کمک کرده بود KoMak KarDeh Bood	کمک می‌کرد KoMak MiKard	کمک کرده است KoMak KarDeh Ast	کمک می‌کند KoMak MiKoNad	کمک خواهد کرد KoMak KhaaHad Kard	کمک کرد KoMak Kard
First-person plural	کمک کرده بودیم KoMak KarDeh BooDim	کمک می‌کردیم KoMak MiKarDim	کمک کرده‌ایم KoMak KarDehEem	کمک می‌کنیم KoMak MiKoNim	کمک خواهیم کرد KoMak KhaaHim Kard	کمک کردیم KoMak KarDim
Second-person plural	کمک کرده بودید KoMak KarDeh BooDid	کمک می‌کردید KoMak MiKarDid	کمک کرده‌اید KoMak KarDehEed	کمک می‌کنید KoMak MiKoNid	کمک خواهید کرد KoMak KhaaHid Kard	کمک کردید KoMak KarDid
Third-person plural	کمک کرده بودند KoMak KarDeh BooDand	کمک می‌کردند KoMak MiKarDand	کمک کرده‌اند KoMak KarDehAnd	کمک می‌کنند KoMak MiKoNand	کمک خواهند کرد KoMak KhaaHand Kard	کمک کردند KoMak KarDand

Present Tense: She helps me.	Oo Beh Man KoMak MiKoNad.	او به من کمک می‌کند.
Past Tense: She helped me.	Oo Beh Man KoMak Kard.	او به من کمک کرد.
Future Tense: She will help me.	Oo Beh Man KoMak KhaaHad Kard.	او به من کمک خواهد کرد.

Verb	Translation	Transliteration
To hold	نگه داشتن	NeGah DaashTan

	Past Perfect Tense	Past Progressive Tense	Present Perfect Tense	Present Tense	Future Tense	Simple Past Tense
First-person singular	نگه داشته بودم NeGah DaashTeh BooDam	نگه می‌داشتم NeGah MiDaashTam	نگه داشته‌ام NeGah DaashTehAm	نگه می‌دارم NeGah MiDaaRam	نگه خواهم داشت NeGah KhaaHam Daasht	نگه داشتم NeGah DaashTam
Second-person singular	نگه داشته بودی NeGah DaashTeh BooDy	نگه می‌داشتی NeGah MiDaashTy	نگه داشته‌ای NeGah DaashTehEe	نگه می‌داری NeGah MiDaaRy	نگه خواهی داشت NeGah KhaaHy Daasht	نگه داشتی NeGah DaashTy
Third-person singular	نگه داشته بود NeGah DaashTeh Bood	نگه می‌داشت NeGah MiDaasht	نگه داشته است NeGah DaashTeh Ast	نگه می‌دارد NeGah MiDaaRad	نگه خواهد داشت NeGah KhaaHad Daasht	نگه داشت NeGah Daasht
First-person plural	نگه داشته بودیم NeGah DaashTeh BooDim	نگه می‌داشتیم NeGah MiDaashTim	نگه داشته‌ایم NeGah DaashTehEem	نگه می‌داریم NeGah MiDaaRim	نگه خواهیم داشت NeGah KhaaHim Daasht	نگه داشتیم NeGah DaashTim
Second-person plural	نگه داشته بودید NeGah DaashTeh BooDid	نگه می‌داشتید NeGah MiDaashTid	نگه داشته‌اید NeGah DaashTehEed	نگه می‌دارید NeGah MiDaaRid	نگه خواهید داشت NeGah KhaaHid Daasht	نگه داشتید NeGah DaashTid
Third-person plural	نگه داشته بودند NeGah DaashTeh BooDand	نگه می‌داشتند NeGah MiDaashTand	نگه داشته‌اند NeGah DaashTehAnd	نگه می‌دارند NeGah MiDaaRand	نگه خواهند داشت NeGah KhaaHand Daasht	نگه داشتند NeGah DaashTand

Present Tense: He holds the rope.	Oo TaNaab Raa NeGah MiDaaRad.	او طناب را نگه می‌دارد.
Past Tense: He held the rope.	Oo TaNaab Raa NeGah dasht.	او طناب را نگه داشت.
Future Tense: He will hold the rope.	Oo TaNaab Raa NeGah KhaaHad dasht.	او طناب را نگه خواهد داشت.

Verb	Translation	Transliteration
To increase	افزایش دادن	AfZaaYesh DaaDan

	Past Perfect Tense	Past Progressive Tense	Present Perfect Tense	Present Tense	Future Tense	Simple Past Tense
First-person singular	افزایش داده بودم AfZaaYesh DaaDeh BooDam	افزایش می‌دادم AfZaaYesh MiDaaDam	افزایش داده‌ام AfZaaYesh DaaDehAm	افزایش می‌دهم AfZaaYesh MiDaHam	افزایش خواهم داد AfZaaYesh KhaaHam Daad	افزایش دادم AfZaaYesh DaaDam
Second-person singular	افزایش داده بودی AfZaaYesh DaaDeh BooDy	افزایش می‌دادی AfZaaYesh MiDaaDy	افزایش داده‌ای AfZaaYesh DaaDehEe	افزایش می‌دهی AfZaaYesh MiDaHy	افزایش خواهی داد AfZaaYesh KhaaHy Daad	افزایش دادی AfZaaYesh DaaDy
Third-person singular	افزایش داده بود AfZaaYesh DaaDeh Bood	افزایش می‌داد AfZaaYesh MiDaaDid	افزایش داده است AfZaaYesh DaaDeh Ast	افزایش می‌دهد AfZaaYesh MiDaHad	افزایش خواهد داد AfZaaYesh KhaaHad Daad	افزایش داد AfZaaYesh Daad
First-person plural	افزایش داده بودیم AfZaaYesh DaaDeh BooDim	افزایش می‌دادیم AfZaaYesh MiDaaDim	افزایش داده‌ایم AfZaaYesh DaaDehEem	افزایش می‌دهیم AfZaaYesh MiDaHim	افزایش خواهیم داد AfZaaYesh KhaaHim Daad	افزایش دادیم AfZaaYesh DaaDim
Second-person plural	افزایش داده بودید AfZaaYesh DaaDeh BooDid	افزایش می‌دادید AfZaaYesh MiDaaDid	افزایش داده‌اید AfZaaYesh DaaDehEed	افزایش می‌دهید AfZaaYesh MiDaHid	افزایش خواهید داد AfZaaYesh KhaaHid Daad	افزایش دادید AfZaaYesh DaaDid
Third-person plural	افزایش داده بودند AfZaaYesh DaaDeh BooDand	افزایش می‌دادند AfZaaYesh MiDaaDand	افزایش داده‌اند AfZaaYesh DaaDehAnd	افزایش می‌دهند AfZaaYesh MiDaHand	افزایش خواهند داد AfZaaYesh KhaaHand Daad	افزایش دادند AfZaaYesh DaaDand

Present Tense: They increase the pressures.	AanHaa FeShaar-Haa Raa AfZaaYesh MiDaHand.	آنها فشارها را افزایش میدهند.
Past Tense: They increased the pressures.	AanHaa FeShaar-Haa Raa AfZaaYesh DaaDand.	آنها فشارها را افزایش دادند.
Future Tense: They will increase the pressures.	AanHaa FeShaar-Haa Raa AfZaaYesh KhaaHand Daad.	آنها فشارها را افزایش خواهند داد.

Verb	Translation	Transliteration
To introduce	معرفی کردن	Mo'ArReFy KarDan

	Past Perfect Tense	Past Progressive Tense	Present Perfect Tense	Present Tense	Future Tense	Simple Past Tense
First-person singular	معرفی کرده بودم Mo'ArReFy KarDeh BooDam	معرفی می‌کردم Mo'ArReFy MiKarDam	معرفی کرده‌ام Mo'ArReFy KarDehAm	معرفی می‌کنم Mo'ArReFy MiKoNam	معرفی خواهم کرد Mo'ArReFy KhaaHam Kard	معرفی کردم Mo'ArReFy KarDam
Second-person singular	معرفی کرده بودی Mo'ArReFy KarDeh BooDy	معرفی می‌کردی Mo'ArReFy MiKarDy	معرفی کرده‌ای Mo'ArReFy KarDehEe	معرفی می‌کنی Mo'ArReFy MiKoNy	معرفی خواهی کرد Mo'ArReFy KhaaHy Kard	معرفی کردی Mo'ArReFy KarDy
Third-person singular	معرفی کرده بود Mo'ArReFy KarDeh Bood	معرفی می‌کرد Mo'ArReFy MiKard	معرفی کرده است Mo'ArReFy KarDeh Ast	معرفی می‌کند Mo'ArReFy MiKoNad	معرفی خواهد کرد Mo'ArReFy KhaaHad Kard	معرفی کرد Mo'ArReFy Kard
First-person plural	معرفی کرده بودیم Mo'ArReFy KarDeh BooDim	معرفی می‌کردیم Mo'ArReFy MiKarDim	معرفی کرده‌ایم Mo'ArReFy KarDehEem	معرفی می‌کنیم Mo'ArReFy MiKoNim	معرفی خواهیم کرد Mo'ArReFy KhaaHim Kard	معرفی کردیم Mo'ArReFy KarDim
Second-person plural	معرفی کرده بودید Mo'ArReFy KarDeh BooDid	معرفی می‌کردید Mo'ArReFy MiKarDid	معرفی کرده‌اید Mo'ArReFy KarDehEed	معرفی می‌کنید Mo'ArReFy MiKoNid	معرفی خواهید کرد Mo'ArReFy KhaaHid Kard	معرفی کردید Mo'ArReFy KarDid
Third-person plural	معرفی کرده بودند Mo'ArReFy KarDeh BooDand	معرفی می‌کردند Mo'ArReFy MiKarDand	معرفی کرده‌اند Mo'ArReFy KarDehAnd	معرفی می‌کنند Mo'ArReFy MiKoNand	معرفی خواهند کرد Mo'ArReFy KhaaHand Kard	معرفی کردند Mo'ArReFy KarDand

Present Tense: He introduces his friend.	Oo DoosTash Raa Mo'ArReFy MiKoNad.	او دوستش را معرفی می‌کند.
Past Tense: He introduced his friend.	Oo DoosTash Raa Mo'ArReFy Kard.	او دوستش را معرفی کرد.
Future Tense: He will introduce his friend.	Oo DoosTash Raa Mo'ArReFy KhaaHad Kard.	او دوستش را معرفی خواهد کرد.

Verb	Translation	Transliteration
To invite	دعوت کردن	Da'Wat KarDan

	Past Perfect Tense	Past Progressive Tense	Present Perfect Tense	Present Tense	Future Tense	Simple Past Tense
First-person singular	دعوت کرده بودم Da'Wat KarDeh BooDam	دعوت می‌کردم Da'Wat MiKarDam	دعوت کرده‌ام Da'Wat KarDehAm	دعوت می‌کنم Da'Wat MiKoNam	دعوت خواهم کرد Da'Wat KhaaHam Kard	دعوت کردم Da'Wat KarDam
Second-person singular	دعوت کرده بودی Da'Wat KarDeh BooDy	دعوت می‌کردی Da'Wat MiKarDy	دعوت کرده‌ای Da'Wat KarDehEe	دعوت می‌کنی Da'Wat MiKoNy	دعوت خواهی کرد Da'Wat KhaaHy Kard	دعوت کردی Da'Wat KarDy
Third-person singular	دعوت کرده بود Da'Wat KarDeh Bood	دعوت می‌کرد Da'Wat MiKard	دعوت کرده است Da'Wat KarDeh Ast	دعوت می‌کند Da'Wat MiKoNad	دعوت خواهد کرد Da'Wat KhaaHad Kard	دعوت کرد Da'Wat Kard
First-person plural	دعوت کرده بودیم Da'Wat KarDeh BooDim	دعوت می‌کردیم Da'Wat MiKarDim	دعوت کرده‌ایم Da'Wat KarDehEem	دعوت می‌کنیم Da'Wat MiKoNim	دعوت خواهیم کرد Da'Wat KhaaHim Kard	دعوت کردیم Da'Wat KarDim
Second-person plural	دعوت کرده بودید Da'Wat KarDeh BooDid	دعوت می‌کردید Da'Wat MiKarDid	دعوت کرده‌اید Da'Wat KarDehEed	دعوت می‌کنید Da'Wat MiKoNid	دعوت خواهید کرد Da'Wat KhaaHid Kard	دعوت کردید Da'Wat KarDid
Third-person plural	دعوت کرده بودند Da'Wat KarDeh BooDand	دعوت می‌کردند Da'Wat MiKarDand	دعوت کرده‌اند Da'Wat KarDehAnd	دعوت می‌کنند Da'Wat MiKoNand	دعوت خواهند کرد Da'Wat KhaaHand Kard	دعوت کردند Da'Wat KarDand

Present Tense: I invite you to my party.	Man To Raa Beh MehMaaNyAm Da'Wat MiKoNam.	من تو را به مهمانی‌ام دعوت می‌کنم.
Past Tense: I invited you to my party.	Man To Raa Beh MehMaaNyAm Da'Wat KarDam.	من تو را به مهمانی‌ام دعوت کردم.
Future Tense: I will invite you to my party.	Man To Raa Beh MehMaaNyAm Da'Wat KhaaHam Kard.	من تو را به مهمانی‌ام دعوت خواهم کرد.

Verb	Translation	Transliteration
To kill	کشتن	KoshTan

	Past Perfect Tense	Past Progressive Tense	Present Perfect Tense	Present Tense	Future Tense	Simple Past Tense
First-person singular	کشته بودم KoshTeh BooDam	می‌کشتم MiKoshTam	کشته ام KoshTehAm	می‌کشم MiKoSham	خواهم کشت KhaaHam Kosht	کشتم KoshTam
Second-person singular	کشته بودی KoshTeh BooDy	می‌کشتی MiKoshTy	کشته ای KoshTehEe	می‌کشی MiKoShy	خواهی کشت KhaaHy Kosht	کشتی KoshTy
Third-person singular	کشته بود KoshTeh Bood	می‌کشت MiKosht	کشته است KoshTeh Ast	می‌کشد MiKoShad	خواهد کشت KhaaHad Kosht	کشت Kosht
First-person plural	کشته بودیم KoshTeh BooDim	می‌کشتیم MiKoshTim	کشته ایم KoshTehEem	می‌کشیم MiKoShim	خواهیم کشت KhaaHim Kosht	کشتیم KoshTim
Second-person plural	کشته بودید KoshTeh BooDid	می‌کشتید MiKoshTid	کشته اید KoshTehEed	می‌کشید MiKoShid	خواهید کشت KhaaHid Kosht	کشتید KoshTid
Third-person plural	کشته بودند KoshTeh BooDand	می‌کشتند MiKoshTand	کشته اند KoshTehAnd	می‌کشند MiKoShand	خواهند کشت KhaaHand Kosht	کشتند KoshTand

Present Tense: This poison kills her.	Een Zahr Oo Raa MiKoShad.	این زهر او را می‌کشد.
Past Tense: This poison killed her.	Een Zahr Oo Raa Kosht.	این زهر او را کشت.
Future Tense: This poison will kill her.	Een Zahr Oo Raa KhaaHad Kosht.	این زهر او را خواهد کشت.

Verb	Translation	Transliteration
To kiss	بوسیدن	BooSiDan

	Past Perfect Tense	Past Progressive Tense	Present Perfect Tense	Present Tense	Future Tense	Simple Past Tense
First-person singular	بوسیده بودم BooSiDeh BooDam	می‌بوسیدم MiBooSiDam	بوسیده ام BooSiDehAm	می‌بوسم MiBooSam	خواهم بوسید KhaaHam BooSid	بوسیدم BooSiDam
Second-person singular	بوسیده بودی BooSiDeh BooDy	می‌بوسیدی MiBooSiDy	بوسیده ای BooSiDehEe	می‌بوسی MiBooSy	خواهی بوسید KhaaHy BooSid	بوسیدی BooSiDy
Third-person singular	بوسیده بود BooSiDeh Bood	می‌بوسید MiBooSid	بوسیده است BooSiDeh Ast	می‌بوسد MiBooSad	خواهد بوسید KhaaHad BooSid	بوسید BooSid
First-person plural	بوسیده بودیم BooSiDeh BooDim	می‌بوسیدیم MiBooSiDim	بوسیده ایم BooSiDehEem	می‌بوسیم MiBooSim	خواهیم بوسید KhaaHim BooSid	بوسیدیم BooSiDim
Second-person plural	بوسیده بودید BooSiDeh BooDid	می‌بوسیدید MiBooSiDid	بوسیده اید BooSiDehEed	می‌بوسید MiBooSid	خواهید بوسید KhaaHid BooSid	بوسیدید BooSiDid
Third-person plural	بوسیده بودند BooSiDeh BooDand	می‌بوسیدند MiBooSiDand	بوسیده اند BooSiDehAnd	می‌بوسند MiBooSand	خواهند بوسید KhaaHand BooSid	بوسیدند BooSiDand

Present Tense: I kiss them goodbye.	Aanha Raa BaRaaYe KhoDaaHaaFeZy MiBooSam.	آنها را برای خداحافظی می‌بوسم.
Past Tense: I kissed them goodbye.	Aanha Raa BaRaaYe KhoDaaHaaFeZy BooSiDam.	آنها را برای خداحافظی بوسیدم.
Future Tense: I will kiss them goodbye.	Aanha Raa BaRaaYe KhoDaaHaaFeZy KhaaHam BooSid.	آنها را برای خداحافظی خواهم بوسید.

Verb	Translation	Transliteration
To know	دانستن	DaaNesTan

	Past Perfect Tense	Past Progressive Tense	Present Perfect Tense	Present Tense	Future Tense	Simple Past Tense
First-person singular	دانسته بودم DaNesTeh BooDam	میدانستم MiDaNesTam	دانسته ام DaNesTehAm	میدانم MiDaNam	خواهم دانست KhaaHam DaNest	دانستم DaNesTam
Second-person singular	دانسته بودی DaNesTeh BooDy	میدانستی MiDaNesTy	دانسته ای DaNesTehEe	میدانی MiDaNy	خواهی دانست KhaaHy DaNest	دانستی DaNesTy
Third-person singular	دانسته بود DaNesTeh Bood	میدانست MiDaNest	دانسته است DaNesTeh Ast	میداند MiDaNad	خواهد دانست KhaaHad DaNest	دانست DaNest
First-person plural	دانسته بودیم DaNesTeh BooDim	میدانستیم MiDaNesTim	دانسته ایم DaNesTehEem	میدانیم MiDaNim	خواهیم دانست KhaaHim DaNest	دانستیم DaNesTim
Second-person plural	دانسته بودید DaNesTeh BooDid	میدانستید MiDaNesTid	دانسته اید DaNesTehEed	میدانید MiDaNid	خواهید دانست KhaaHid DaNest	دانستید DaNesTid
Third-person plural	دانسته بودند DaNesTeh BooDand	میدانستند MiDaNesTand	دانسته اند DaNesTehAnd	میدانند MiDaNand	خواهند دانست KhaaHand DaNest	دانستند DaNesTand

Present Tense: I know your name.	AanHaa MiDaNand.	من نام تو را میدانم.
Past Tense: I knew your name.	AanHaa DaNesTand.	من نام تو را دانستم.
Future Tense: I will know your name.	AanHaa KhaaHand DaNest.	من نام تو را خواهم دانست.

Verb	Translation	Transliteration
To laugh	خندیدن	KhanDiDan

	Past Perfect Tense	Past Progressive Tense	Present Perfect Tense	Present Tense	Future Tense	Simple Past Tense
First-person singular	خندیده بودم KhanDiDeh BooDam	می‌خندیدم MiKhanDiDam	خندیده‌ام KhanDiDehAm	می‌خندم MiKhanDam	خواهم خندید KhaaHam KhanDid	خندیدم KhanDiDam
Second-person singular	خندیده بودی KhanDiDeh BooDy	می‌خندیدی MiKhanDiDy	خندیده‌ای KhanDiDehEe	می‌خندی MiKhanDy	خواهی خندید KhaaHy KhanDid	خندیدی KhanDiDy
Third-person singular	خندیده بود KhanDiDeh Bood	می‌خندید MiKhanDid	خندیده است KhanDiDeh Ast	می‌خندد MiKhanDad	خواهد خندید KhaaHad KhanDid	خندید KhanDid
First-person plural	خندیده بودیم KhanDiDeh BooDim	می‌خندیدیم MiKhanDiDim	خندیده‌ایم KhanDiDehEem	می‌خندیم MiKhanDim	خواهیم خندید KhaaHim KhanDid	خندیدیم KhanDiDim
Second-person plural	خندیده بودید KhanDiDeh BooDid	می‌خندیدید MiKhanDiDid	خندیده‌اید KhanDiDehEed	می‌خندید MiKhanDid	خواهید خندید KhaaHid KhanDid	خندیدید KhanDiDid
Third-person plural	خندیده بودند KhanDiDeh booKhandd	می‌خندیدند MiKhanDiDand	خندیده‌اند KhanDiDehAnd	می‌خندند MiKhanDand	خواهند خندید KhaaHand KhanDid	خندیدند KhanDiDand

Present Tense: She laugh at me.	Oo Beh Man MiKhanDad.	او به من می‌خندد.
Past Tense: She laughed at me.	Oo Beh Man KhanDid.	او به من خندید.
Future Tense: She will laugh at me.	Oo Beh Man KhaaHad KhanDid.	او به من خواهد خندید.

Verb	Translation	Transliteration
To learn	آموختن	AaMookhTan

	Past Perfect Tense	Past Progressive Tense	Present Perfect Tense	Present Tense	Future Tense	Simple Past Tense
First-person singular	آموخته بودم AaMookhTeh BooDam	می آموختم MiAaMookhTam	آموخته ام AaMookhTehAm	می آموزم MiAaMooZam	خواهم آموخت KhaaHam AaMookht	آموختم AaMookhTam
Second-person singular	آموخته بودی AaMookhTeh BooDy	می آموختی MiAaMookhTy	آموخته ای AaMookhTehEe	می آموزی MiAaMooZy	خواهی آموخت KhaaHy AaMookht	آموختی AaMookhTy
Third-person singular	آموخته بود AaMookhTeh Bood	می آموخت MiAaMookht	آموخته است AaMookhTeh Ast	می آموزد MiAaMooZad	خواهد آموخت KhaaHad AaMookht	آموخت AaMookht
First-person plural	آموخته بودیم AaMookhTeh BooDim	می آموختیم MiAaMookhTim	آموخته ایم AaMookhTehEem	می آموزیم MiAaMooZim	خواهیم آموخت KhaaHim AaMookht	آموختیم AaMookhTim
Second-person plural	آموخته بودید AaMookhTeh BooDid	می آموختید MiAaMookhTid	آموخته اید AaMookhTehEed	می آموزید MiAaMooZid	خواهید آموخت KhaaHid AaMookht	آموختید AaMookhTid
Third-person plural	آموخته بودند AaMookhTeh booAmoozd	می آموختند MiAaMookhTand	آموخته اند AaMookhTehAnd	می آموزند MiAaMooZand	خواهند آموخت KhaaHand AaMookht	آموختند AaMookhTand

Present Tense: I learn a new thing everyday.	Man Har Rooz Chiz-e TaaZehEe MiAaMooZam.	من هر روز چیز تازه ای می آموزم
Past Tense: I learned a lot last week.	Man Dar HafTeh-Ye GoZashTeh ChizHaaYe BeSiYaaRy AaMookhTam.	من در هفته گذشته چیزهای بسیاری آموختم.
Future Tense: I will learn a lot next week.	Man Dar HafTeh-Ye AaYanDeh ChizHaaYe BeSiYaaRy KhaaHam AaMookht.	من در هفته آینده چیزهای بسیاری خواهم آموخت.

Verb	Translation	Transliteration
To lie down	دراز کشیدن	DeRaaz KeShiDan

	Past Perfect Tense	Past Progressive Tense	Present Perfect Tense	Present Tense	Future Tense	Simple Past Tense
First-person singular	دراز کشیده بودم DeRaaz KeShiDeh BooDam	دراز میکشیدم DeRaaz MiKeShiDam	دراز کشیده ام DeRaaz KeShiDehAm	دراز میکشم DeRaaz MiKeSham	دراز خواهم کشید DeRaaz KhaaHam KeShid	دراز کشیدم DeRaaz KeShiDam
Second-person singular	دراز کشیده بودی DeRaaz KeShiDeh BooDy	دراز میکشیدی DeRaaz MiKeShiDy	دراز کشیده ای DeRaaz KeShiDehEe	دراز میکشی DeRaaz MiKeShy	دراز خواهی کشید DeRaaz KhaaHy KeShid	دراز کشیدی DeRaaz KeShiDy
Third-person singular	دراز کشیده بود DeRaaz KeShiDeh Bood	دراز میکشید DeRaaz MiKeShid	دراز کشیده است DeRaaz KeShiDeh Ast	دراز میکشد DeRaaz MiKeShad	دراز خواهد کشید DeRaaz KhaaHad KeShid	دراز کشید DeRaaz KeShid
First-person plural	دراز کشیده بودیم DeRaaz KeShiDeh BooDim	دراز میکشیدیم DeRaaz MiKeShiDim	دراز کشیده ایم DeRaaz KeShiDehEem	دراز میکشیم DeRaaz MiKeShim	دراز خواهیم کشید DeRaaz KhaaHim KeShid	دراز کشیدیم DeRaaz KeShiDim
Second-person plural	دراز کشیده بودید DeRaaz KeShiDeh BooDid	دراز میکشیدید DeRaaz MiKeShiDid	دراز کشیده اید DeRaaz KeShiDehEed	دراز میکشید DeRaaz MiKeShid	دراز خواهید کشید DeRaaz KhaaHid KeShid	دراز کشیدید DeRaaz KeShiDid
Third-person plural	دراز کشیده بودند DeRaaz KeShiDeh BooDand	دراز میکشیدند DeRaaz MiKeShiDand	دراز کشیده اند DeRaaz KeShiDehAnd	دراز میکشند DeRaaz MiKeShand	دراز خواهند کشید DeRaaz KhaaHand KeShid	دراز کشیدند DeRaaz KeShiDand

Present Tense: Tired of hard work, I lie down.	KhasTeh Az Kaar-e Sakht, DeRaaz MiKeSham.	خسته از کار سخت، دراز می‌کشم.
Past Tense: Tired of hard work, I lay down.	KhasTeh Az Kaar-e Sakht, DeRaaz KeShiDam.	خسته از کار سخت، دراز کشیدم.
Future Tense: Tired of hard work, I will lie down.	KhasTeh Az Kaar-e Sakht, DeRaaz KhaaHam KeShid.	خسته از کار سخت، دراز خواهم کشید.

Verb	Translation	Transliteration
To like	خوش آمدن	Khosh AaMaDan

	Past Perfect Tense	Past Progressive Tense	Present Perfect Tense	Present Tense	Future Tense	Simple Past Tense
First-person singular	خوشم آمده بود KhoSham AaMaDeh Bood	خوشم می‌آمد KhoSham MiAaMad	خوشم آمده است KhoSham AaMaDeh Ast	خوشم می‌آید KhoSham MiAaYad	خوشم خواهد آمد KhoSham KhaaHad AaMad	خوشم آمد KhoSham AaMad
Second-person singular	خوشت آمده بود KhoShat AaMaDeh Bood	خوشت می‌آمد KhoShat MiAaMad	خوشت آمده است KhoShat AaMaDeh Ast	خوشت می‌آید KhoShat MiAaYad	خوشت خواهد آمد KhoShat KhaaHad AaMad	خوشت آمد KhoShat AaMad
Third-person singular	خوشش آمده بود KhoShash AaMaDeh Bood	خوشش می‌آمد KhoShash MiAaMad	خوشش آمده است KhoShash AaMaDeh Ast	خوشش می‌آید KhoShash MiAaYad	خوشش خواهد آمد KhoShash KhaaHad AaMad	خوشش آمد KhoShash AaMad
First-person plural	خوشمان آمده بود KhoSheMaan AaMaDeh Bood	خوشمان می‌آمد KhoSheMaan MiAaMad	خوشمان آمده است KhoSheMaan AaMaDeh Ast	خوشمان می‌آید KhoSheMaan MiAaYad	خوشمان خواهد آمد KhoSheMaan KhaaHad AaMad	خوشمان آمد KhoSheMaan AaMad
Second-person plural	خوشتان آمده بود KhoSheTaan AaMaDeh Bood	خوشتان می‌آمد KhoSheTaan MiAaMad	خوشتان آمده است KhoSheTaan AaMaDeh Ast	خوشتان می‌آید KhoSheTaan MiAaYad	خوشتان خواهد آمد KhoSheTaan KhaaHad AaMad	خوشتان آمد KhoSheTaan AaMad
Third-person plural	خوششان آمده بود KhoSheShaan AaMaDeh Bood	خوششان می‌آمد KhoSheShaan MiAaMad	خوششان آمده است KhoSheShaan AaMaDeh Ast	خوششان می‌آید KhoSheShaan MiAaYad	خوششان خواهد آمد KhoSheShaan KhaaHad AaMad	خوششان آمد KhoSheShaan AaMad

Present Tense: I like this poem.	Man Az Een Sher KhoSham MiAaYad.	من از این شعر خوشم می‌آید.
Past Tense: I liked this poem.	Man Az Een Sher KhoSham AaMad.	من از این شعر خوشم آمد.
Future Tense: I will like this poem.	Man Az Een Sher KhoSham KhaaHad AaMad.	من از این شعر خوشم خواهد آمد.

Verb	Translation	Transliteration
To listen	گوش کردن	Goosh KarDan

	Past Perfect Tense	Past Progressive Tense	Present Perfect Tense	Present Tense	Future Tense	Simple Past Tense
First-person singular	گوش کرده بودم Goosh KarDeh BooDam	گوش می‌کردم Goosh MiKarDam	گوش کرده ام Goosh KarDehAm	گوش می‌کنم Goosh MiKoNam	گوش خواهم کرد Goosh KhaaHam Kard	گوش کردم Goosh KarDam
Second-person singular	گوش کرده بودی Goosh KarDeh BooDy	گوش می‌کردی Goosh MiKarDy	گوش کرده ای Goosh KarDehEe	گوش می‌کنی Goosh MiKoNy	گوش خواهی کرد Goosh KhaaHy Kard	گوش کردی Goosh KarDy
Third-person singular	گوش کرده بود Goosh KarDeh Bood	گوش می‌کرد Goosh MiKard	گوش کرده است Goosh KarDeh Ast	گوش می‌کند Goosh MiKoNad	گوش خواهد کرد Goosh KhaaHad Kard	گوش کرد Goosh Kard
First-person plural	گوش کرده بودیم Goosh KarDeh BooDim	گوش می‌کردیم Goosh MiKarDim	گوش کرده ایم Goosh KarDehEem	گوش می‌کنیم Goosh MiKoNim	گوش خواهیم کرد Goosh KhaaHim Kard	گوش کردیم Goosh KarDim
Second-person plural	گوش کرده بودید Goosh KarDeh BooDid	گوش می‌کردید Goosh MiKarDid	گوش کرده اید Goosh KarDehEed	گوش می‌کنید Goosh MiKoNid	گوش خواهید کرد Goosh KhaaHid Kard	گوش کردید Goosh KarDid
Third-person plural	گوش کرده بودند Goosh KarDeh BooDand	گوش می‌کردند Goosh MiKarDand	گوش کرده اند Goosh KarDehAnd	گوش می‌کنند Goosh MiKoNand	گوش خواهند کرد Goosh KhaaHand Kard	گوش کردند Goosh KarDand

Present Tense: The kid listens to me.	Een BachCheh Beh Harf-e Man Goosh MiKoNad.	این بچه به حرف من گوش می‌کند.
Past Tense: The kid listened to me.	Een BachCheh Beh Harf-e Man Goosh Kard.	این بچه به حرف من گوش کرد.
Future Tense: The kid will listen to me.	Een BachCheh Beh Harf-e Man Goosh KhaaHad Kard.	این بچه به حرف من گوش خواهد کرد.

Verb	Translation	Transliteration
To live	زندگی کردن	ZenDeGy KarDan

	Past Perfect Tense	Past Progressive Tense	Present Perfect Tense	Present Tense	Future Tense	Simple Past Tense
First-person singular	زندگی کرده بودم ZenDeGy KarDeh BooDam	زندگی می‌کردم ZenDeGy MiKarDam	زندگی کرده‌ام ZenDeGy KarDehAm	زندگی می‌کنم ZenDeGy MiKoNam	زندگی خواهم کرد ZenDeGy KhaaHam Kard	زندگی کردم ZenDeGy KarDam
Second-person singular	زندگی کرده بودی ZenDeGy KarDeh BooDy	زندگی می‌کردی ZenDeGy MiKarDy	زندگی کرده‌ای ZenDeGy KarDehEe	زندگی می‌کنی ZenDeGy MiKoNy	زندگی خواهی کرد ZenDeGy KhaaHy Kard	زندگی کردی ZenDeGy KarDy
Third-person singular	زندگی کرده بود ZenDeGy KarDeh Bood	زندگی می‌کرد ZenDeGy MiKard	زندگی کرده است ZenDeGy KarDeh Ast	زندگی می‌کند ZenDeGy MiKoNad	زندگی خواهد کرد ZenDeGy KhaaHad Kard	زندگی کرد ZenDeGy Kard
First-person plural	زندگی کرده بودیم ZenDeGy KarDeh BooDim	زندگی می‌کردیم ZenDeGy MiKarDim	زندگی کرده‌ایم ZenDeGy KarDehEem	زندگی می‌کنیم ZenDeGy MiKoNim	زندگی خواهیم کرد ZenDeGy KhaaHim Kard	زندگی کردیم ZenDeGy KarDim
Second-person plural	زندگی کرده بودید ZenDeGy KarDeh BooDid	زندگی می‌کردید ZenDeGy MiKarDid	زندگی کرده‌اید ZenDeGy KarDehEed	زندگی می‌کنید ZenDeGy MiKoNid	زندگی خواهید کرد ZenDeGy KhaaHid Kard	زندگی کردید ZenDeGy KarDid
Third-person plural	زندگی کرده بودند ZenDeGy KarDeh BooDand	زندگی می‌کردند ZenDeGy MiKarDand	زندگی کرده‌اند ZenDeGy KarDehAnd	زندگی می‌کنند ZenDeGy MiKoNand	زندگی خواهند کرد ZenDeGy KhaaHand Kard	زندگی کردند ZenDeGy KarDand

Present Tense: I live in Shiraz.	Man Dar ShiRaaz ZenDeGy MiKoNam.	من در شیراز زندگی می‌کنم.
Past Tense: I lived in Shiraz.	Man Dar ShiRaaz ZenDeGy KarDam.	من در شیراز زندگی کردم.
Future Tense: I will live in Shiraz.	Man Dar ShiRaaz ZenDeGy KhaaHam Kard.	من در شیراز زندگی خواهم کرد.

Verb	Translation	Transliteration
To lose	باختن	BaakhTan

	Past Perfect Tense	Past Progressive Tense	Present Perfect Tense	Present Tense	Future Tense	Simple Past Tense
First-person singular	باخته بودم BaakhTeh BooDam	می‌باختم MiBaakhTam	باخته ام BaakhTehAm	می‌بازم MiBaaZam	خواهم باخت KhaaHam Baakht	باختم BaakhTam
Second-person singular	باخته بودی BaakhTeh BooDy	می‌باختی MiBaakhTy	باخته ای BaakhTehEe	می‌بازی MiBaaZy	خواهی باخت KhaaHy Baakht	باختی BaakhTy
Third-person singular	باخته بود BaakhTeh Bood	می‌باخت MiBaakht	باخته است BaakhTeh Ast	می‌بازد MiBaaZad	خواهد باخت KhaaHad Baakht	باخت Baakht
First-person plural	باخته بودیم BaakhTeh BooDim	می‌باختیم MiBaakhTim	باخته ایم BaakhTehEem	می‌بازیم MiBaaZym	خواهیم باخت KhaaHim Baakht	باختیم BaakhTim
Second-person plural	باخته بودید BaakhTeh BooDid	می‌باختید MiBaakhTid	باخته اید BaakhTehEed	می‌بازید MiBaaZyd	خواهید باخت KhaaHid Baakht	باختید BaakhTid
Third-person plural	باخته بودند BaakhTeh BooDand	می‌باختند MiBaakhTand	باخته اند BaakhTehAnd	می‌بازند MiBaaZand	خواهند باخت KhaaHand Baakht	باختند BaakhTand

Present Tense: He lose his life.	Oo ZenDeGyAsh Raa MiBaaZad.	او زندگی‌اش را می‌بازد.
Past Tense: He lost his life.	Oo ZenDeGyAsh Raa Baakht.	او زندگی‌اش را باخت.
Future Tense: He will lose his life.	Oo ZenDeGyAsh Raa KhaaHad Baakht.	او زندگی‌اش را خواهد باخت.

Verb	Translation	Transliteration
To love	دوست داشتن	Doost DaashTan

	Past Perfect Tense	Past Progressive Tense	Present Perfect Tense	Present Tense	Future Tense	Simple Past Tense
First-person singular	دوست داشته بودم Doost DaashTeh BooDam	دوست می‌داشتم Doost MiDaashTam	دوست داشته‌ام Doost DaashTehAm	دوست دارم Doost MiDaaRam	دوست خواهم داشت Doost KhaaHam Daasht	دوست داشتم Doost daashtam
Second-person singular	دوست داشته بودی Doost DaashTeh BooDy	دوست می‌داشتی Doost MiDaashTy	دوست داشته‌ای Doost DaashTehEe	دوست داری Doost MiDaaRy	دوست خواهی داشت Doost KhaaHy Daasht	دوست داشتی Doost daashty
Third-person singular	دوست داشته بود Doost DaashTeh Bood	دوست می‌داشت Doost MiDaasht	دوست داشته است Doost DaashTeh Ast	دوست دارد Doost MiDaaRad	دوست خواهد داشت Doost KhaaHad Daasht	دوست داشت Doost Daasht
First-person plural	دوست داشته بودیم Doost DaashTeh BooDim	دوست می‌داشتیم Doost MiDaashTim	دوست داشته‌ایم Doost DaashTehEem	دوست داریم Doost MiDaaRim	دوست خواهیم داشت Doost KhaaHim Daasht	دوست داشتیم Doost daashtim
Second-person plural	دوست داشته بودید Doost DaashTeh BooDid	دوست می‌داشتید Doost MiDaashTid	دوست داشته‌اید Doost DaashTehEed	دوست دارید Doost MiDaaRid	دوست خواهید داشت Doost KhaaHid Daasht	دوست داشتید Doost daashtid
Third-person plural	دوست داشته بودند Doost DaashTeh BooDand	دوست می‌داشتند Doost MiDaashTand	دوست داشته‌اند Doost DaashTehAnd	دوست دارند Doost MiDaaRand	دوست خواهند داشت Doost KhaaHand Daasht	دوست داشتند Doost daashtand

Present Tense: My sister loves her neighbor.	KhaaHaRam HamSaaYehAsh Raa Doost DaaRad.	خواهرم همسایه اش را دوست دارد.
Past Tense: My sister loved her neighbor.	KhaaHaRam HamSaaYehAsh Raa Doost Daasht.	خواهرم همسایه اش را دوست داشت.
Future Tense: My sister will love her neighbor.	KhaaHaRam HamSaaYehAsh Raa Doost KhaaHad Daasht.	خواهرم همسایه اش را دوست خواهد داشت.

Verb	Translation	Transliteration
To meet	ملاقات کردن	MoLaaQaat KarDan

	Past Perfect Tense	Past Progressive Tense	Present Perfect Tense	Present Tense	Future Tense	Simple Past Tense
First-person singular	ملاقات کرده بودم MoLaaQaat KarDeh BooDam	ملاقات می‌کردم MoLaaQaat MiKarDam	ملاقات کرده ام MoLaaQaat KarDehAm	ملاقات می‌کنم MoLaaQaat MiKoNam	ملاقات خواهم کرد MoLaaQaat KhaaHam Kard	ملاقات کردم MoLaaQaat KarDam
Second-person singular	ملاقات کرده بودی MoLaaQaat KarDeh BooDy	ملاقات می‌کردی MoLaaQaat MiKarDy	ملاقات کرده ای MoLaaQaat KarDehEe	ملاقات می‌کنی MoLaaQaat MiKoNy	ملاقات خواهی کرد MoLaaQaat KhaaHy Kard	ملاقات کردی MoLaaQaat KarDy
Third-person singular	ملاقات کرده بود MoLaaQaat KarDeh Bood	ملاقات می‌کرد MoLaaQaat MiKard	ملاقات کرده است MoLaaQaat KarDeh Ast	ملاقات می‌کند MoLaaQaat MiKoNad	ملاقات خواهد کرد MoLaaQaat KhaaHad Kard	ملاقات کرد MoLaaQaat Kard
First-person plural	ملاقات کرده بودیم MoLaaQaat KarDeh BooDim	ملاقات می‌کردیم MoLaaQaat MiKarDim	ملاقات کرده ایم MoLaaQaat KarDehEem	ملاقات می‌کنیم MoLaaQaat MiKoNim	ملاقات خواهیم کرد MoLaaQaat KhaaHim Kard	ملاقات کردیم MoLaaQaat KarDim
Second-person plural	ملاقات کرده بودید MoLaaQaat KarDeh BooDid	ملاقات می‌کردید MoLaaQaat MiKarDid	ملاقات کرده اید MoLaaQaat KarDehEed	ملاقات می‌کنید MoLaaQaat MiKoNid	ملاقات خواهید کرد MoLaaQaat KhaaHid Kard	ملاقات کردید MoLaaQaat KarDid
Third-person plural	ملاقات کرده بودند MoLaaQaat KarDeh BooDand	ملاقات می‌کردند MoLaaQaat MiKarDand	ملاقات کرده اند MoLaaQaat KarDehAnd	ملاقات می‌کنند MoLaaQaat MiKoNand	ملاقات خواهند کرد MoLaaQaat KhaaHand Kard	ملاقات کردند MoLaaQaat KarDand

Present Tense: I meet my advisor every Saturday.	Man OsTaaDam Raa Har ShanBeh MoLaaQaat MiKoNam.	من استادم را هر شنبه ملاقات می‌کنم.
Past Tense: I met my advisor last Saturday.	Man OsTaaDam Raa ShanBeh-Ye GoZashTeh MoLaaQaat KarDam.	من استادم را شنبه گذشته ملاقات کردم.
Future Tense: I will meet my advisor next Saturday.	Man OsTaaDam Raa ShanBeh-Ye AaYanDeh MoLaaQaat KhaaHam Kard.	من استادم را شنبه آینده ملاقات خواهم کرد.

Verb	Translation	Transliteration
To need	نیاز داشتن	NiYaaz DaashTan

	Past Perfect Tense	Past Progressive Tense	Present Perfect Tense	Present Tense	Future Tense	Simple Past Tense
First-person singular	نیاز داشته بودم NiYaaz DaashTeh BooDam	نیاز می‌داشتم NiYaaz MiDaashTam	نیاز داشته‌ام NiYaaz DaashTehAm	نیاز می‌دارم NiYaaz MiDaaRam	نیاز خواهم داشت NiYaaz KhaaHam Daasht	نیاز داشتم NiYaaz DaashTam
Second-person singular	نیاز داشته بودی NiYaaz DaashTeh BooDy	نیاز می‌داشتی NiYaaz MiDaashTy	نیاز داشته‌ای NiYaaz DaashTehEe	نیاز می‌داری NiYaaz MiDaaRy	نیاز خواهی داشت NiYaaz KhaaHy Daasht	نیاز داشتی NiYaaz DaashTy
Third-person singular	نیاز داشته بود NiYaaz DaashTeh Bood	نیاز می‌داشت NiYaaz MiDaasht	نیاز داشته است NiYaaz DaashTeh Ast	نیاز می‌دارد NiYaaz MiDaaRad	نیاز خواهد داشت NiYaaz KhaaHad Daasht	نیاز داشت NiYaaz Daasht
First-person plural	نیاز داشته بودیم NiYaaz DaashTeh BooDim	نیاز می‌داشتیم NiYaaz MiDaashTim	نیاز داشته‌ایم NiYaaz DaashTehEem	نیاز می‌داریم NiYaaz MiDaaRim	نیاز خواهیم داشت NiYaaz KhaaHim Daasht	نیاز داشتیم NiYaaz DaashTim
Second-person plural	نیاز داشته بودید NiYaaz DaashTeh BooDid	نیاز می‌داشتید NiYaaz MiDaashTid	نیاز داشته‌اید NiYaaz DaashTehEed	نیاز می‌دارید NiYaaz MiDaaRid	نیاز خواهید داشت NiYaaz KhaaHid Daasht	نیاز داشتید NiYaaz DaashTid
Third-person plural	نیاز داشته بودند NiYaaz DaashTeh BooDand	نیاز می‌داشتند NiYaaz MiDaashTand	نیاز داشته‌اند NiYaaz DaashTehAnd	نیاز می‌دارند NiYaaz MiDaaRand	نیاز خواهند داشت NiYaaz KhaaHand Daasht	نیاز داشتند NiYaaz DaashTand

Present Tense: The plant needs water.	Een Giyah Beh Aab NiYaaz DaaRad.	این گیاه به آب نیاز دارد.
Past Tense: The plant needed water.	Een Giyah Beh Aab NiYaaz Daasht.	این گیاه به آب نیاز داشت.
Future Tense: The plant will need water.	Een Giyah Beh Aab NiYaaz KhaaHad Daasht.	این گیاه به آب نیاز خواهد داشت.

Verb	Translation	Transliteration
To notice	توجه کردن	TaWajJoh KarDan

	Past Perfect Tense	Past Progressive Tense	Present Perfect Tense	Present Tense	Future Tense	Simple Past Tense
First-person singular	توجه کرده بودم TaWajJoh KarDeh BooDam	توجه می‌کردم TaWajJoh MiKarDam	توجه کرده ام TaWajJoh KarDehAm	توجه می‌کنم TaWajJoh MiKoNam	توجه خواهم کرد TaWajJoh KhaaHam Kard	توجه کردم TaWajJoh KarDam
Second-person singular	توجه کرده بودی TaWajJoh KarDeh BooDy	توجه می‌کردی TaWajJoh MiKarDy	توجه کرده ای TaWajJoh KarDehEe	توجه می‌کنی TaWajJoh MiKoNy	توجه خواهی کرد TaWajJoh KhaaHy Kard	توجه کردی TaWajJoh KarDy
Third-person singular	توجه کرده بود TaWajJoh KarDeh Bood	توجه می‌کرد TaWajJoh MiKard	توجه کرده است TaWajJoh KarDeh Ast	توجه می‌کند TaWajJoh MiKoNad	توجه خواهد کرد TaWajJoh KhaaHad Kard	توجه کرد TaWajJoh Kard
First-person plural	توجه کرده بودیم TaWajJoh KarDeh BooDim	توجه می‌کردیم TaWajJoh MiKarDim	توجه کرده ایم TaWajJoh KarDehEem	توجه می‌کنیم TaWajJoh MiKoNim	توجه خواهیم کرد TaWajJoh KhaaHim Kard	توجه کردیم TaWajJoh KarDim
Second-person plural	توجه کرده بودید TaWajJoh KarDeh BooDid	توجه می‌کردید TaWajJoh MiKarDid	توجه کرده اید TaWajJoh KarDehEed	توجه می‌کنید TaWajJoh MiKoNid	توجه خواهید کرد TaWajJoh KhaaHid Kard	توجه کردید TaWajJoh KarDid
Third-person plural	توجه کرده بودند TaWajJoh KarDeh BooDand	توجه می‌کردند TaWajJoh MiKarDand	توجه کرده اند TaWajJoh KarDehAnd	توجه می‌کنند TaWajJoh MiKoNand	توجه خواهند کرد TaWajJoh KhaaHand Kard	توجه کردند TaWajJoh KarDand

Present Tense: The physician notice this symptom.	DokTor Beh Een NeShaNeh TaWajJoh MiKoNad.	دکتر به این نشانه توجه می‌کند.
Past Tense: The physician noticed this symptom.	DokTor Beh Een NeShaNeh TaWajJoh Kard.	دکتر به این نشانه توجه کرد.
Future Tense: The physicians will notice this symptom.	DokTor Beh Een NeShaNeh TaWajJoh KhaaHad Kard.	دکتر به این نشانه توجه خواهد کرد.

Verb	Translation	Transliteration
To open	باز کردن	Baaz KarDan

	Past Perfect Tense	Past Progressive Tense	Present Perfect Tense	Present Tense	Future Tense	Simple Past Tense
First-person singular	باز کرده بودم Baaz KarDeh BooDam	باز می‌کردم Baaz MiKarDam	باز کرده ام Baaz KarDehAm	باز می‌کنم Baaz MiKoNam	باز خواهم کرد Baaz KhaaHam Kard	باز کردم Baaz KarDam
Second-person singular	باز کرده بودی Baaz KarDeh BooDy	باز می‌کردی Baaz MiKarDy	باز کرده ای Baaz KarDehEe	باز می‌کنی Baaz MiKoNy	باز خواهی کرد Baaz KhaaHy Kard	باز کردی Baaz KarDy
Third-person singular	باز کرده بود Baaz KarDeh Bood	باز می‌کرد Baaz MiKard	باز کرده است Baaz KarDeh Ast	باز می‌کند Baaz MiKoNad	باز خواهد کرد Baaz KhaaHad Kard	باز کرد Baaz Kard
First-person plural	باز کرده بودیم Baaz KarDeh BooDim	باز می‌کردیم Baaz MiKarDim	باز کرده ایم Baaz KarDehEem	باز می‌کنیم Baaz MiKoNim	باز خواهیم کرد Baaz KhaaHim Kard	باز کردیم Baaz KarDim
Second-person plural	باز کرده بودید Baaz KarDeh BooDid	باز می‌کردید Baaz MiKarDid	باز کرده اید Baaz KarDehEed	باز می‌کنید Baaz MiKoNid	باز خواهید کرد Baaz KhaaHid Kard	باز کردید Baaz KarDid
Third-person plural	باز کرده بودند Baaz KarDeh BooDand	باز می‌کردند Baaz MiKarDand	باز کرده اند Baaz KarDehAnd	باز می‌کنند Baaz MiKoNand	باز خواهند کرد Baaz KhaaHand Kard	باز کردند Baaz KarDand

Present Tense: She opens the book to page 83.	Oo SafHe-Ye HashTaad-O-Se-Ye KeTaab Raa Baaz MiKoNad.	او صفحه 83 کتاب را باز می‌کند.
Past Tense: She opened the book to page 83.	Oo SafHe-Ye HashTaad-O-Se-Ye KeTaab Raa Baaz Kard.	او صفحه 83 کتاب را باز کرد.
Future Tense: She will open the book to page 83.	Oo SafHe-Ye HashTaad-O-Se-Ye KeTaab Raa Baaz KhaaHad Kard.	او صفحه 83 کتاب را باز خواهد کرد.

Verb	Translation	Transliteration
To play	بازی کردن	BaaZy KarDan

	Past Perfect Tense	Past Progressive Tense	Present Perfect Tense	Present Tense	Future Tense	Simple Past Tense
First-person singular	بازی کرده بودم BaaZy KarDeh BooDam	بازی می‌کردم BaaZy MiKarDam	بازی کرده‌ام BaaZy KarDehAm	بازی می‌کنم BaaZy MiKoNam	بازی خواهم کرد BaaZy KhaaHam Kard	بازی کردم BaaZy KarDam
Second-person singular	بازی کرده بودی BaaZy KarDeh BooDy	بازی می‌کردی BaaZy MiKarDy	بازی کرده‌ای BaaZy KarDehEe	بازی می‌کنی BaaZy MiKoNy	بازی خواهی کرد BaaZy KhaaHy Kard	بازی کردی BaaZy KarDy
Third-person singular	بازی کرده بود BaaZy KarDeh Bood	بازی می‌کرد BaaZy MiKard	بازی کرده است BaaZy KarDeh Ast	بازی می‌کند BaaZy MiKoNad	بازی خواهد کرد BaaZy KhaaHad Kard	بازی کرد BaaZy Kard
First-person plural	بازی کرده بودیم BaaZy KarDeh BooDim	بازی می‌کردیم BaaZy MiKarDim	بازی کرده‌ایم BaaZy KarDehEem	بازی می‌کنیم BaaZy MiKoNim	بازی خواهیم کرد BaaZy KhaaHim Kard	بازی کردیم BaaZy KarDim
Second-person plural	بازی کرده بودید BaaZy KarDeh BooDid	بازی می‌کردید BaaZy MiKarDid	بازی کرده‌اید BaaZy KarDehEed	بازی می‌کنید BaaZy MiKoNid	بازی خواهید کرد BaaZy KhaaHid Kard	بازی کردید BaaZy KarDid
Third-person plural	بازی کرده بودند BaaZy KarDeh BooDand	بازی می‌کردند BaaZy MiKarDand	بازی کرده‌اند BaaZy KarDehAnd	بازی می‌کنند BaaZy MiKoNand	بازی خواهند کرد BaaZy KhaaHand Kard	بازی کردند BaaZy KarDand

Present Tense: We play together.	Maa Baa Ham BaaZy MiKoNim.	ما با هم بازی می‌کنیم.
Past Tense: We played together.	Maa Baa Ham BaaZy KarDim.	ما با هم بازی می‌کردیم.
Future Tense: We will play together.	Maa Baa Ham BaaZy KhaaHim Kard.	ما با هم بازی خواهیم کرد.

Verb	Translation	Transliteration
To put	گذاشتن	GoZaashTan

	Past Perfect Tense	Past Progressive Tense	Present Perfect Tense	Present Tense	Future Tense	Simple Past Tense
First-person singular	گذاشته بودم GoZaashTeh BooDam	می‌گذاشتم MiGoZaashTam	گذاشته‌ام GoZaashTehAm	می‌گذارم MiGoZaaRam	خواهم گذاشت KhaaHam GoZaashT	گذاشتم GoZaashTam
Second-person singular	گذاشته بودی GoZaashTeh BooDy	می‌گذاشتی MiGoZaashTy	گذاشته‌ای GoZaashTehEe	می‌گذاری MiGoZaaRy	خواهی گذاشت KhaaHy GoZaashT	گذاشتی GoZaashTy
Third-person singular	گذاشته بود GoZaashTeh Bood	می‌گذاشت MiGoZaasht	گذاشته است GoZaashTeh Ast	می‌گذارد MiGoZaaRad	خواهد گذاشت KhaaHad GoZaashT	گذاشت GoZaashT
First-person plural	گذاشته بودیم GoZaashTeh BooDim	می‌گذاشتیم MiGoZaashTim	گذاشته‌ایم GoZaashTehEem	می‌گذاریم MiGoZaaRim	خواهیم گذاشت KhaaHim GoZaashT	گذاشتیم GoZaashTim
Second-person plural	گذاشته بودید GoZaashTeh BooDid	می‌گذاشتید MiGoZaashTid	گذاشته‌اید GoZaashTehEed	می‌گذارید MiGoZaaRid	خواهید گذاشت KhaaHid GoZaashT	گذاشتید GoZaashTid
Third-person plural	گذاشته بودند GoZaashTeh BooDand	می‌گذاشتند MiGoZaashTand	گذاشته‌اند GoZaashTehAnd	می‌گذارند MiGoZaaRand	خواهند گذاشت KhaaHand GoZaashT	گذاشتند GoZaashTand

Present Tense: Soldiers put their guns on the ground.	SarBaaZaan ToFang-Haa-Ye-Shaan Raa ZaMin MiGoZaaRand.	سربازان تفنگ‌هایشان را زمین می‌گذارند.
Past Tense: Soldiers put their guns on the ground.	SarBaaZaan ToFang-Haa-Ye-Shaan Raa ZaMin GoZaashTand.	سربازان تفنگ‌هایشان را زمین گذاشتند.
Future Tense: Soldiers will put their guns on the ground.	SarBaaZaan ToFang-Haa-Ye-Shaan Raa ZaMin KhaaHand GoZaasht.	سربازان تفنگ‌هایشان را زمین خواهند گذاشت.

Verb	Translation	Transliteration
To read	خواندن	KhaanDan

	Past Perfect Tense	Past Progressive Tense	Present Perfect Tense	Present Tense	Future Tense	Simple Past Tense
First-person singular	خوانده بودم KhaanDeh BooDam	می‌خواندم MiKhaanDam	خوانده‌ام KhaanDehAm	می‌خوانم MiKhaNam	خواهم خواند KhaaHam Khand	خواندم KhaanDam
Second-person singular	خوانده بودی KhaanDeh BooDy	می‌خواندی MiKhaanDy	خوانده‌ای KhaanDehEe	می‌خوانی MiKhaaNy	خواهی خواند KhaaHy Khand	خواندی KhaanDy
Third-person singular	خوانده بود KhaanDeh Bood	می‌خواند MiKhaand	خوانده است KhaanDeh Ast	می‌خواند MiKhaaNad	خواهد خواند KhaaHad Khand	خواند Khaand
First-person plural	خوانده بودیم KhaanDeh BooDim	می‌خواندیم MiKhaanDim	خوانده‌ایم KhaanDehEem	می‌خوانیم MiKhaaNim	خواهیم خواند KhaaHim Khand	خواندیم KhaanDim
Second-person plural	خوانده بودید KhaanDeh BooDid	می‌خواندید MiKhaanDid	خوانده‌اید KhaanDehEed	می‌خوانید MiKhaaNid	خواهید خواند KhaaHid Khand	خواندید KhaanDid
Third-person plural	خوانده بودند KhaanDeh BooDand	می‌خواندند MiKhaanDand	خوانده‌اند KhaanDehAnd	می‌خوانند MiKhaaNand	خواهند خواند KhaaHand Khand	خواندند KhaanDand

Present Tense: I read the news.	Man AkhBaar Raa MiKhaaNam.	من اخبار را می‌خوانم.
Past Tense: I read the news.	Man AkhBaar Raa KhaanDam.	من اخبار را خواندم.
Future Tense: I will read the news.	Man AkhBaar Raa KhaaHam Khaand.	من اخبار را خواهم خواند.

Verb	Translation	Transliteration
To receive	دریافت کردن	DarYaaft KarDan

	Past Perfect Tense	Past Progressive Tense	Present Perfect Tense	Present Tense	Future Tense	Simple Past Tense
First-person singular	دریافت کرده بودم DarYaaft KarDeh BooDam	دریافت می‌کردم DarYaaft MiKarDam	دریافت کرده ام DarYaaft KarDehAm	دریافت می‌کنم DarYaaft MiKoNam	دریافت خواهم کرد DarYaaft KhaaHam Kard	دریافت کردم DarYaaft KarDam
Second-person singular	دریافت کرده بودی DarYaaft KarDeh BooDy	دریافت می‌کردی DarYaaft MiKarDy	دریافت کرده ای DarYaaft KarDehEe	دریافت می‌کنی DarYaaft MiKoNy	دریافت خواهی کرد DarYaaft KhaaHy Kard	دریافت کردی DarYaaft KarDy
Third-person singular	دریافت کرده بود DarYaaft KarDeh Bood	دریافت می‌کرد DarYaaft MiKard	دریافت کرده است DarYaaft KarDeh Ast	دریافت می‌کند DarYaaft MiKoNad	دریافت خواهد کرد DarYaaft KhaaHad Kard	دریافت کرد DarYaaft Kard
First-person plural	دریافت کرده بودیم DarYaaft KarDeh BooDim	دریافت می‌کردیم DarYaaft MiKarDim	دریافت کرده ایم DarYaaft KarDehEem	دریافت می‌کنیم DarYaaft MiKoNim	دریافت خواهیم کرد DarYaaft KhaaHim Kard	دریافت کردیم DarYaaft KarDim
Second-person plural	دریافت کرده بودید DarYaaft KarDeh BooDid	دریافت می‌کردید DarYaaft MiKarDid	دریافت کرده اید DarYaaft KarDehEed	دریافت می‌کنید DarYaaft MiKoNid	دریافت خواهید کرد DarYaaft KhaaHid Kard	دریافت کردید DarYaaft KarDid
Third-person plural	دریافت کرده بودند DarYaaft KarDeh BooDand	دریافت می‌کردند DarYaaft MiKarDand	دریافت کرده اند DarYaaft KarDehAnd	دریافت می‌کنند DarYaaft MiKoNand	دریافت خواهند کرد DarYaaft KhaaHand Kard	دریافت کردند DarYaaft KarDand

Present Tense: He receives parcels.	Oo BasTeh-Haa Raa DarYaaft MiKoNad.	او بسته‌ها را دریافت می‌کند.
Past Tense: He received parcels.	Oo BasTeh-Haa Raa DarYaaft Kard.	او بسته‌ها را دریافت کرد.
Future Tense: He will receive parcels.	Oo BasTeh-Haa Raa DarYaaft KhaaHad Kard.	او بسته‌ها را دریافت خواهد کرد.

Verb	Translation	Transliteration
To remember	به خاطر آوردن	Beh KhaaTer AaWarDan

	Past Perfect Tense	Past Progressive Tense	Present Perfect Tense	Present Tense	Future Tense	Simple Past Tense
First-person singular	به خاطر آورده بودم Beh KhaaTer AaWarDeh BooDam	به خاطر می‌آوردم Beh KhaaTer MiAaWarDam	به خاطر آورده‌ام Beh KhaaTer AaWarDehAm	به خاطر می‌آورم Beh KhaaTer MiAaWaRam	به خاطر خواهم آورد Beh KhaaTer KhaaHam AaWard	به خاطر آوردم Beh KhaaTer AaWarDam
Second-person singular	به خاطر آورده بودی Beh KhaaTer AaWarDeh BooDy	به خاطر می‌آوردی Beh KhaaTer MiAaWarDy	به خاطر آورده‌ای Beh KhaaTer AaWarDehEe	به خاطر می‌آوری Beh KhaaTer MiAaWaRy	به خاطر خواهی آورد Beh KhaaTer KhaaHy AaWard	به خاطر آوردی Beh KhaaTer AaWarDy
Third-person singular	به خاطر آورده بود Beh KhaaTer AaWarDeh Bood	به خاطر می‌آورد Beh KhaaTer MiAaWard	به خاطر آورده است Beh KhaaTer AaWarDeh Ast	به خاطر می‌آورد Beh KhaaTer MiAaWaRad	به خاطر خواهد آورد Beh KhaaTer KhaaHad AaWard	به خاطر آورد Beh KhaaTer AaWard
First-person plural	به خاطر آورده بودیم Beh KhaaTer AaWarDeh BooDim	به خاطر می‌آوردیم Beh KhaaTer MiAaWarDim	به خاطر آورده‌ایم Beh KhaaTer AaWarDehEem	به خاطر می‌آوریم Beh KhaaTer MiAaWaRim	به خاطر خواهیم آورد Beh KhaaTer KhaaHim AaWard	به خاطر آوردیم Beh KhaaTer AaWarDim
Second-person plural	به خاطر آورده بودید Beh KhaaTer AaWarDeh BooDid	به خاطر می‌آوردید Beh KhaaTer MiAaWarDid	به خاطر آورده‌اید Beh KhaaTer AaWarDehEed	به خاطر می‌آورید Beh KhaaTer MiAaWaRid	به خاطر خواهید آورد Beh KhaaTer KhaaHid AaWard	به خاطر آوردید Beh KhaaTer AaWarDid
Third-person plural	به خاطر آورده بودند Beh KhaaTer AaWarDeh BooDand	به خاطر می‌آوردند Beh KhaaTer MiAaWarDand	به خاطر آورده‌اند Beh KhaaTer AaWarDehAnd	به خاطر می‌آورند Beh KhaaTer MiAaWaRand	به خاطر خواهند آورد Beh KhaaTer KhaaHand AaWard	به خاطر آوردند Beh KhaaTer AaWarDand

Present Tense:	Man Aan Rooz Raa Beh KhaaTer	من آن روز را به
I remember that day.	MiAaWaRam.	خاطر می‌آورم.
Past Tense:	Man Aan Rooz Raa Beh KhaaTer	من آن روز را به
I remembered that day.	AaWarDam.	خاطر آوردم.
Future Tense:	Man Aan Rooz Raa Beh KhaaTer	من این روز را به
I will remember this day.	KhaaHam AaWard.	خاطر خواهم آورد.

Verb	Translation	Transliteration
To repeat	تکرار کردن	TekRaar KarDan

	Past Perfect Tense	Past Progressive Tense	Present Perfect Tense	Present Tense	Future Tense	Simple Past Tense
First-person singular	تکرار کرده بودم TekRaar KarDeh BooDam	تکرار می‌کردم TekRaar MiKarDam	تکرار کرده‌ام TekRaar KarDehAm	تکرار می‌کنم TekRaar MiKoNam	تکرار خواهم کرد TekRaar KhaaHam Kard	تکرار کردم TekRaar KarDam
Second-person singular	تکرار کرده بودی TekRaar KarDeh BooDy	تکرار می‌کردی TekRaar MiKarDy	تکرار کرده‌ای TekRaar KarDehEe	تکرار می‌کنی TekRaar MiKoNy	تکرار خواهی کرد TekRaar KhaaHy Kard	تکرار کردی TekRaar KarDy
Third-person singular	تکرار کرده بود TekRaar KarDeh Bood	تکرار می‌کرد TekRaar MiKard	تکرار کرده است TekRaar KarDeh Ast	تکرار می‌کند TekRaar MiKoNad	تکرار خواهد کرد TekRaar KhaaHad Kard	تکرار کرد TekRaar Kard
First-person plural	تکرار کرده بودیم TekRaar KarDeh BooDim	تکرار می‌کردیم TekRaar MiKarDim	تکرار کرده‌ایم TekRaar KarDehEem	تکرار می‌کنیم TekRaar MiKoNim	تکرار خواهیم کرد TekRaar KhaaHim Kard	تکرار کردیم TekRaar KarDim
Second-person plural	تکرار کرده بودید TekRaar KarDeh BooDid	تکرار می‌کردید TekRaar MiKarDid	تکرار کرده‌اید TekRaar KarDehEed	تکرار می‌کنید TekRaar MiKoNid	تکرار خواهید کرد TekRaar KhaaHid Kard	تکرار کردید TekRaar KarDid
Third-person plural	تکرار کرده بودند TekRaar KarDeh BooDand	تکرار می‌کردند TekRaar MiKarDand	تکرار کرده‌اند TekRaar KarDehAnd	تکرار می‌کنند TekRaar MiKoNand	تکرار خواهند کرد TekRaar KhaaHand Kard	تکرار کردند TekRaar KarDand

Present Tense: They repeat their question.	AanHaa PorSesh-e Khod Raa TekRaar MiKoNand.	آنها پرسش خود را تکرار می‌کنند.
Past Tense: They repeated their question.	AanHaa PorSesh-e Khod Raa TekRaar KarDand.	آنها پرسش خود را تکرار کردند.
Future Tense: They will repeat their question.	AanHaa PorSesh-e Khod Raa TekRaar KhaaHand Kard.	آنها پرسش خود را تکرار خواهند کرد.

Verb	Translation	Transliteration
To return	پس دادن	Pas DaaDan

	Past Perfect Tense	Past Progressive Tense	Present Perfect Tense	Present Tense	Future Tense	Simple Past Tense
First-person singular	پس داده بودم Pas DaaDeh BooDam	پس می دادم Pas MiDaaDam	پس داده ام Pas DaaDehAm	پس می دهم Pas MiDaHam	پس خواهم داد Pas KhaaHam Daad	پس دادم Pas DaaDam
Second-person singular	پس داده بودی Pas DaaDeh BooDy	پس می دادی Pas MiDaaDy	پس داده ای Pas DaaDehEe	پس می دهی Pas MiDaHy	پس خواهی داد Pas KhaaHy Daad	پس دادی Pas DaaDy
Third-person singular	پس داده بود Pas DaaDeh Bood	پس می دادید Pas MiDaaDid	پس داده است Pas DaaDeh Ast	پس می دهد Pas MiDaHad	پس خواهد داد Pas KhaaHad Daad	پس داد Pas Daad
First-person plural	پس داده بودیم Pas DaaDeh BooDim	پس می دادیم Pas MiDaaDim	پس داده ایم Pas DaaDehEem	پس می دهیم Pas MiDaHim	پس خواهیم داد Pas KhaaHim Daad	پس دادیم Pas DaaDim
Second-person plural	پس داده بودید Pas DaaDeh BooDid	پس می دادید Pas MiDaaDid	پس داده اید Pas DaaDehEed	پس می دهید Pas MiDaHid	پس خواهید داد Pas KhaaHid Daad	پس دادید Pas DaaDid
Third-person plural	پس داده بودند Pas DaaDeh BooDand	پس می دادند Pas MiDaaDand	پس داده اند Pas DaaDehAnd	پس می دهند Pas MiDaHand	پس خواهند داد Pas KhaaHand Daad	پس دادند Pas DaaDand

Present Tense: I return his book.	Man KeTaaB-e Oo Raa Pas MiDaHam.	من کتاب او را پس می دهم.
Past Tense: I returned his book.	Man KeTaaB-e Oo Raa Pas DaaDam.	من کتاب او را پس دادم.
Future Tense: I will return his book.	Man KeTaaB-e Oo Raa Pas KhaaHam Daad.	من کتاب او را پس خواهم داد.

Verb	Translation	Transliteration
To run	دویدن	DaWiDan

	Past Perfect Tense	Past Progressive Tense	Present Perfect Tense	Present Tense	Future Tense	Simple Past Tense
First-person singular	دویده بودم DaWiDeh BooDam	می‌دویدم MiDaWiDam	دویده ام DaWiDehAm	می‌دوم MiDaWam	خواهم دوید KhaaHam DaWid	دویدم DaWiDam
Second-person singular	دویده بودی DaWiDeh BooDy	می‌دویدی MiDaWiDy	دویده ای DaWiDehEe	می‌دوی MiDaWy	خواهی دوید KhaaHy DaWid	دویدی DaWiDy
Third-person singular	دویده بود DaWiDeh Bood	می‌دوید MiDaWid	دویده است DaWiDeh Ast	می‌دود MiDaWad	خواهد دوید KhaaHad DaWid	دوید DaWid
First-person plural	دویده بودیم DaWiDeh BooDim	می‌دویدیم MiDaWiDim	دویده ایم DaWiDehEem	می‌دویم MiDaWim	خواهیم دوید KhaaHim DaWid	دویدیم DaWiDim
Second-person plural	دویده بودید DaWiDeh BooDid	می‌دویدید MiDaWiDid	دویده اید DaWiDehEed	می‌دوید MiDaWiD	خواهید دوید KhaaHid DaWid	دویدید DaWiDid
Third-person plural	دویده بودند DaWiDeh BooDand	می‌دویدند MiDaWiDand	دویده اند DaWiDehAnd	می‌دوند MiDaWand	خواهند دوید KhaaHand DaWid	دویدند DaWiDand

Present Tense: She run 2 kilometers every morning.	Oo Har Rooz Do KiLooMetr MiDaWad.	او هر روز 2 کیلومتر می‌دود.
Past Tense: She ran 2 kilometers yesterday.	Oo DiRooz Do KiLooMetr DaWid.	او دیروز 2 کیلومتر دوید.
Future Tense: She will run 2 kilometers tomorrow.	Oo FarDaa Do KiLooMetr KhaaHad DaWid.	او فردا 2 کیلومتر خواهد دوید.

Verb	Translation	Transliteration
To say	گفتن	GofTan

	Past Perfect Tense	Past Progressive Tense	Present Perfect Tense	Present Tense	Future Tense	Simple Past Tense
First-person singular	گفته بودم GofTeh BooDam	می‌گفتم MiGofTam	گفته‌ام GofTehAm	می‌گویم MiGooYam	خواهم گفت KhaaHam Goft	گفتم GofTam
Second-person singular	گفته بودی GofTeh BooDy	می‌گفتی MiGofTy	گفته‌ای GofTehEe	می‌گویی MiGooYee	خواهی گفت KhaaHy Goft	گفتی GofTy
Third-person singular	گفته بود GofTeh Bood	می‌گفت MiGoft	گفته است GofTeh Ast	می‌گوید MiGooYad	خواهد گفت KhaaHad Goft	گفت Goft
First-person plural	گفته بودیم GofTeh BooDim	می‌گفتیم MiGofTim	گفته‌ایم GofTehEem	می‌گوییم MiGooYim	خواهیم گفت KhaaHim Goft	گفتیم GofTim
Second-person plural	گفته بودید GofTeh BooDid	می‌گفتید MiGofTid	گفته‌اید GofTehEed	می‌گویید MiGooYid	خواهید گفت KhaaHid Goft	گفتید GofTid
Third-person plural	گفته بودند GofTeh BooDand	می‌گفتند MiGofTand	گفته‌اند GofTehAnd	می‌گویند MiGooYand	خواهند گفت KhaaHand Goft	گفتند GofTand

Present Tense: The kid say something.	Aan KooDak ChiZy MiGooYad.	آن کودک چیز می‌گوید.
Past Tense: The kid said something.	Aan KooDak ChiZy Goft.	آن کودک چیزی گفت.
Future Tense: The kid will say something.	Aan KooDak ChiZy KhaaHad Goft.	آن کودک چیزی خواهد گفت.

Verb	Translation	Transliteration
To scream	فریاد کشیدن	FarYaad KeShiDan

	Past Perfect Tense	Past Progressive Tense	Present Perfect Tense	Present Tense	Future Tense	Simple Past Tense
First-person singular	فریاد کشیده بودم FarYaad KeShiDeh BooDam	فریاد می‌کشیدم FarYaad MiKeShiDam	فریاد کشیده ام FarYaad KeShiDehAm	فریاد می‌کشم FarYaad MiKeSham	فریاد خواهم کشید FarYaad KhaaHam KeShid	فریاد کشیدم FarYaad KeShiDam
Second-person singular	فریاد کشیده بودی FarYaad KeShiDeh BooDy	فریاد می‌کشیدی FarYaad MiKeShiDy	فریاد کشیده ای FarYaad KeShiDehEe	فریاد می‌کشی FarYaad MiKeShy	فریاد خواهی کشید FarYaad KhaaHy KeShid	فریاد کشیدی FarYaad KeShiDy
Third-person singular	فریاد کشیده بود FarYaad KeShiDeh Bood	فریاد می‌کشید FarYaad MiKeShid	فریاد کشیده است FarYaad KeShiDeh Ast	فریاد می‌کشد FarYaad MiKeShad	فریاد خواهد کشید FarYaad KhaaHad KeShid	فریاد کشید FarYaad KeShid
First-person plural	فریاد کشیده بودیم FarYaad KeShiDeh BooDim	فریاد می‌کشیدیم FarYaad MiKeShiDim	فریاد کشیده ایم FarYaad KeShiDehEem	فریاد می‌کشیم FarYaad MiKeShim	فریاد خواهیم کشید FarYaad KhaaHim KeShid	فریاد کشیدیم FarYaad KeShiDim
Second-person plural	فریاد کشیده بودید FarYaad KeShiDeh BooDid	فریاد می‌کشیدید FarYaad MiKeShiDid	فریاد کشیده اید FarYaad KeShiDehEed	فریاد می‌کشید FarYaad MiKeShid	فریاد خواهید کشید FarYaad KhaaHid KeShid	فریاد کشیدید FarYaad KeShiDid
Third-person plural	فریاد کشیده بودند FarYaad KeShiDeh BooDand	فریاد می‌کشیدند FarYaad MiKeShiDand	فریاد کشیده اند FarYaad KeShiDehAnd	فریاد می‌کشند FarYaad MiKeShand	فریاد خواهند کشید FarYaad KhaaHand KeShid	فریاد کشیدند FarYaad KeShiDand

Present Tense: I scream her name.	Man Naam-e Oo Raa FarYaad MiKeSham.	من نام او را فریاد می‌کشم.
Past Tense: I screamed her name.	Man Naam-e Oo Raa FarYaad KeShiDam.	من نام او را فریاد کشیدم.
Future Tense: I will scream her name.	Man Naam-e Oo Raa FarYaad KhaaHam KeShid.	من نام او را فریاد خواهم کشید.

Verb	Translation	Transliteration
To see	دیدن	DiDan

	Past Perfect Tense	Past Progressive Tense	Present Perfect Tense	Present Tense	Future Tense	Simple Past Tense
First-person singular	دیده بودم DiDeh BooDam	می‌دیدم MiDiDam	دیده ام DiDehAm	می‌بینم MiBiNam	خواهم دید KhaaHam Did	دیدم DiDam
Second-person singular	دیده بودی DiDeh BooDy	می‌دیدی MiDiDy	دیده ای DiDehEe	می‌بینی MiBiNy	خواهی دید KhaaHy Did	دیدی DiDy
Third-person singular	دیده بود DiDeh Bood	می‌دید MiDid	دیده است DiDeh Ast	می‌بیند MiBiNad	خواهد دید KhaaHad Did	دید Did
First-person plural	دیده بودیم DiDeh BooDim	می‌دیدیم MiDiDim	دیده ایم DiDehEem	می‌بینیم MiBiNim	خواهیم دید KhaaHim Did	دیدیم DiDim
Second-person plural	دیده بودید DiDeh BooDid	می‌دیدید MiDiDid	دیده اید DiDehEed	می‌بینید MiBiNid	خواهید دید KhaaHid Did	دیدید DiDid
Third-person plural	دیده بودند DiDeh BooDand	می‌دیدند MiDiDand	دیده اند DiDehAnd	می‌بینند MiBiNand	خواهند دید KhaaHand Did	دیدند DiDand

Present Tense: I see you through window.	Man To Raa Az PanJeReh MiBiNam.	من تو را از پنجره می‌بینم.
Past Tense: I saw you through window.	Man To Raa Az PanJeReh DiDam.	من تو را از پنجره دیدم.
Future Tense: I will see you through window.	Man To Raa Az PanJeReh KhaaHam Did.	من تو را از پنجره خواهم دید.

Verb	Translation	Transliteration
To seem	به نظر آمدن	Beh NaZar AaMaDan

	Past Perfect Tense	Past Progressive Tense	Present Perfect Tense	Present Tense	Future Tense	Simple Past Tense
First-person singular	به نظر آمده بودم Be NaZar AaMaDeh BooDam	به نظر می‌آمدم Be NaZar MiAaMadam	به نظر آمده ام Be NaZar AaMaDehAm	به نظر می‌آیم Be NaZar MiAaYam	به نظر خواهم آمد Be NaZar KhaaHam AaMad	به نظر آمدم Be NaZar AaMaDam
Second-person singular	به نظر آمده بودی Be NaZar AaMaDeh BooDy	به نظر می‌آمدی Be NaZar MiAaMady	به نظر آمده ای Be NaZar AaMaDehEe	به نظر می‌آیی Be NaZar MiAaYee	به نظر خواهی آمد Be NaZar KhaaHy AaMad	به نظر آمدی Be NaZar AaMaDy
Third-person singular	به نظر آمده بود Be NaZar AaMaDeh Bood	به نظر می‌آمد Be NaZar MiAaMad	به نظر آمده است Be NaZar AaMaDeh Ast	به نظر می‌آید Be NaZar MiAaYad	به نظر خواهد آمد Be NaZar KhaaHad AaMad	به نظر آمد Be NaZar AaMad
First-person plural	به نظر آمده بودیم Be NaZar AaMaDeh BooDim	به نظر می‌آمدیم Be NaZar MiAaMadim	به نظر آمده ایم Be NaZar AaMaDehEem	به نظر می‌آییم Be NaZar MiAaYim	به نظر خواهیم آمد Be NaZar KhaaHim AaMad	به نظر آمدیم Be NaZar AaMaDim
Second-person plural	به نظر آمده بودید Be NaZar AaMaDeh BooDid	به نظر می‌آمدید Be NaZar MiAaMadid	به نظر آمده اید Be NaZar AaMaDehEed	به نظر می‌آیید Be NaZar MiAaYid	به نظر خواهید آمد Be NaZar KhaaHid AaMad	به نظر آمدید Be NaZar AaMaDid
Third-person plural	به نظر آمده بودند Be NaZar AaMaDeh BooDand	به نظر می‌آمدند Be NaZar MiAaMadand	به نظر آمده اند Be NaZar AaMaDehAnd	به نظر می‌آیند Be NaZar MiAaYand	به نظر خواهند آمد Be NaZar KhaaHand AaMad	به نظر آمدند Be NaZar AaMaDand

Present Tense: You seem tired.	To KhasTeh Beh NaZar MiAaYee.	تو خسته به نظر می آیی.
Past Tense: You seemed tired.	To KhasTeh Beh NaZar AaMaDy.	تو خسته به نظر آمدی.
Future Tense: I will seem tired.	To KhasTeh Beh NaZar KhaaHy AaMad.	تو خسته به نظر خواهی آمد.

Verb	Translation	Transliteration
To sell	فروختن	FoRooKhTan

	Past Perfect Tense	Past Progressive Tense	Present Perfect Tense	Present Tense	Future Tense	Simple Past Tense
First-person singular	فروخته بودم FoRookhTeh BooDam	می‌فروختم MiFoRookhTam	فروخته ام FoRookhTehAm	می‌فروشم MiFoRooSham	خواهم فروخت KhaaHam FoRookht	فروختم FoRookhTam
Second-person singular	فروخته بودی FoRookhTeh BooDy	می‌فروختی MiFoRookhTy	فروخته ای FoRookhTehEe	می‌فروشی MiFoRooShy	خواهی فروخت KhaaHy FoRookht	فروختی FoRookhTy
Third-person singular	فروخته بود FoRookhTeh Bood	می‌فروخت MiFoRookht	فروخته است FoRookhTeh Ast	می‌فروشد MiFoRooShad	خواهد فروخت KhaaHad FoRookht	فروخت FoRookht
First-person plural	فروخته بودیم FoRookhTeh BooDim	می‌فروختیم MiFoRookhTim	فروخته ایم FoRookhTehEem	می‌فروشیم MiFoRooShim	خواهیم فروخت KhaaHim FoRookht	فروختیم FoRookhTim
Second-person plural	فروخته بودید FoRookhTeh BooDid	می‌فروختید MiFoRookhTid	فروخته اید FoRookhTehEed	می‌فروشید MiFoRooShid	خواهید فروخت KhaaHid FoRookht	فروختید FoRookhTid
Third-person plural	فروخته بودند FoRookhTeh BooDand	می‌فروختند MiFoRookhTid	فروخته اند FoRookhTehAnd	می‌فروشند MiFoRooShand	خواهند فروخت KhaaHand Forookht	فروختند FoRookhTand

Present Tense: She sells her bike to me.	Oo DoCharKhehAsh Raa Beh Man MiFoRooShad.	او دوچرخه اش را به من می‌فروشد.
Past Tense: She sold her bike to me.	Oo DoCharKhehAsh Raa Beh Man FoRookht.	او دوچرخه اش را به من فروخت.
Future Tense: She will sell her bike to me.	Oo DoCharKhehAsh Raa Beh Man KhaaHad FoRookht.	او دوچرخه اش را به من خواهد فروخت.

Verb	Translation	Transliteration
To send	فرستادن	FeResTaaDan

	Past Perfect Tense	Past Progressive Tense	Present Perfect Tense	Present Tense	Future Tense	Simple Past Tense
First-person singular	فرستاده بودم FeResTaaDeh BooDam	می‌فرستادم MiFeResTaaDam	فرستاده‌ام FeResTaaDehAm	می‌فرستم MiFeResTam	خواهم فرستاد KhaaHam FeResTaad	فرستادم FeResTaaDam
Second-person singular	فرستاده بودی FeResTaaDeh BooDy	می‌فرستادی MiFeResTaaDy	فرستاده‌ای FeResTaaDehEe	می‌فرستی MiFeResTy	خواهی فرستاد KhaaHy FeResTaad	فرستادی FeResTaaDy
Third-person singular	فرستاده بود FeResTaaDeh Bood	می‌فرستاد MiFeResTaad	فرستاده است FeResTaaDeh Ast	می‌فرستد MiFeResTad	خواهد فرستاد KhaaHad FeResTaad	فرستاد FeResTaad
First-person plural	فرستاده بودیم FeResTaaDeh BooDim	می‌فرستادیم MiFeResTaaDim	فرستاده‌ایم FeResTaaDehEem	می‌فرستیم MiFeResTim	خواهیم فرستاد KhaaHim FeResTaad	فرستادیم FeResTaaDim
Second-person plural	فرستاده بودید FeResTaaDeh BooDid	می‌فرستادید MiFeResTaaDid	فرستاده‌اید FeResTaaDehEed	می‌فرستید MiFeResTid	خواهید فرستاد KhaaHid FeResTaad	فرستادید FeResTaaDid
Third-person plural	فرستاده بودند FeResTaaDeh BooDand	می‌فرستادند MiFeResTaaDand	فرستاده‌اند FeResTaaDehAnd	می‌فرستند MiFeResTand	خواهند فرستاد KhaaHand FeResTaad	فرستادند FeResTaaDand

Present Tense: He sends the kids to bed.	Oo BachCheh-Haa Raa Beh RakhTeKhaab MiFeResTad.	او بچه‌ها را به رختخواب می‌فرستد.
Past Tense: He sent the kids to bed.	Oo BachCheh-Haa Raa Beh RakhTeKhaab FeResTaad.	او بچه‌ها را به رختخواب فرستاد.
Future Tense: He will send the kids to bed.	Oo BachCheh-Haa Raa Beh RakhTeKhaab KhaaHad FeResTaad.	او بچه‌ها را به رختخواب خواهد فرستاد.

Verb	Translation	Transliteration
To show	نشان دادن	NeShaan DaaDan

	Past Perfect Tense	Past Progressive Tense	Present Perfect Tense	Present Tense	Future Tense	Simple Past Tense
First-person singular	نشان داده بودم NeShaan DaaDeh BooDam	نشان می‌دادم NeShaan MiDaaDam	نشان داده‌ام NeShaan DaaDehAm	نشان می‌دهم NeShaan MiDaHam	نشان خواهم داد NeShaan KhaaHam Daad	نشان دادم NeShaan DaaDam
Second-person singular	نشان داده بودی NeShaan DaaDeh BooDy	نشان می‌دادی NeShaan MiDaaDy	نشان داده‌ای NeShaan DaaDehEe	نشان می‌دهی NeShaan MiDaHy	نشان خواهی داد NeShaan KhaaHy Daad	نشان دادی NeShaan DaaDy
Third-person singular	نشان داده بود NeShaan DaaDeh Bood	نشان می‌داد NeShaan MiDaaDid	نشان داده است NeShaan DaaDeh Ast	نشان می‌دهد NeShaan MiDaHad	نشان خواهد داد NeShaan KhaaHad Daad	نشان داد NeShaan Daad
First-person plural	نشان داده بودیم NeShaan DaaDeh BooDim	نشان می‌دادیم NeShaan MiDaaDim	نشان داده‌ایم NeShaan DaaDehEem	نشان می‌دهیم NeShaan MiDaHim	نشان خواهیم داد NeShaan KhaaHim Daad	نشان دادیم NeShaan DaaDim
Second-person plural	نشان داده بودید NeShaan DaaDeh BooDid	نشان می‌دادید NeShaan MiDaaDid	نشان داده‌اید NeShaan DaaDehEed	نشان می‌دهید NeShaan MiDaHid	نشان خواهید داد NeShaan KhaaHid Daad	نشان دادید NeShaan DaaDid
Third-person plural	نشان داده بودند NeShaan DaaDeh BooDand	نشان می‌دادند NeShaan MiDaaDand	نشان داده‌اند NeShaan DaaDehAnd	نشان می‌دهند NeShaan MiDaHand	نشان خواهند داد NeShaan KhaaHand Daad	نشان دادند NeShaan DaaDand

Present Tense: She shows her power.	Oo QodRatAsh Raa NeShaan MiDaHad.	او قدرتش را نشان می‌دهد.
Past Tense: She showed her power.	Oo QodRatAsh Raa NeShaan Daad.	او قدرتش را نشان داد.
Future Tense: She will show her power.	Oo QodRatAsh Raa NeShaan KhaaHad Daad.	او قدرتش را نشان خواهد داد.

Verb	Translation	Transliteration
To sing	آواز خواندن	AaWaaz KhaanDan

	Past Perfect Tense	Past Progressive Tense	Present Perfect Tense	Present Tense	Future Tense	Simple Past Tense
First-person singular	آواز خوانده بودم AaWaaz KhaanDeh BooDam	آواز می‌خواندم AaWaaz MiKhaanDam	آواز خوانده‌ام AaWaaz KhaanDehAm	آواز می‌خوانم AaWaaz MiKhaaNam	آواز خواهم خواند AaWaaz KhaaHam Khaand	آواز خواندم AaWaaz KhaanDam
Second-person singular	آواز خوانده بودی AaWaaz KhaanDeh BooDy	آواز می‌خواندی AaWaaz MiKhaanDy	آواز خوانده‌ای AaWaaz KhaanDehEe	آواز می‌خوانی AaWaaz MiKhaaNy	آواز خواهی خواند AaWaaz KhaaHy Khaand	آواز خواندی AaWaaz KhaanDy
Third-person singular	آواز خوانده بود AaWaaz KhaanDeh Bood	آواز می‌خواند AaWaaz MiKhaand	آواز خوانده است AaWaaz KhaanDeh Ast	آواز می‌خواند AaWaaz MiKhaaNad	آواز خواهد خواند AaWaaz KhaaHad Khaand	آواز خواند AaWaaz Khaand
First-person plural	آواز خوانده بودیم AaWaaz KhaanDeh BooDim	آواز می‌خواندیم AaWaaz MiKhaanDim	آواز خوانده‌ایم AaWaaz KhaanDehEem	آواز می‌خوانیم AaWaaz MiKhaaNim	آواز خواهیم خواند AaWaaz KhaaHim Khaand	آواز خواندیم AaWaaz KhaanDim
Second-person plural	آواز خوانده بودید AaWaaz KhaanDeh BooDid	آواز می‌خواندید AaWaaz MiKhaanDid	آواز خوانده‌اید AaWaaz KhaanDehEed	آواز می‌خوانید AaWaaz MiKhaaNid	آواز خواهید خواند AaWaaz KhaaHid Khaand	آواز خواندید AaWaaz KhaanDid
Third-person plural	آواز خوانده بودند AaWaaz KhaanDeh BooDand	آواز می‌خواندند AaWaaz MiKhaanDand	آواز خوانده‌اند AaWaaz KhaanDehAnd	آواز می‌خوانند AaWaaz MiKhaaNand	آواز خواهند خواند AaWaaz KhaaHand Khaand	آواز خواندند AaWaaz KhaanDand

Present Tense: She feels pain.	Oo Zir-e Doosh AaWaaz MiKhaaNad.	او زیر دوش آواز می‌خواند.
Past Tense: She felt pain.	Oo Zir-e Doosh AaWaaz Khaand.	او زیر دوش آواز خواند.
Future Tense: She will feel pain.	Oo Zir-e Doosh AaWaaz KhaaHad Khaand.	او زیر دوش آواز خواهد خواند.

Verb	Translation	Transliteration
To sit down	نشستن	NeShasTan

	Past Perfect Tense	Past Progressive Tense	Present Perfect Tense	Present Tense	Future Tense	Simple Past Tense
First-person singular	نشسته بودم NeShasTeh BooDam	می‌نشستم MiNeShasTam	نشسته ام NeShasTehAm	می‌نشینم MiNeShiNam	خواهم نشست KhaaHam NeShast	نشستم NeShasTam
Second-person singular	نشسته بودی NeShasTeh BooDy	می‌نشستی MiNeShasTy	نشسته ای NeShasTehEe	می‌نشینی MiNeShiNy	خواهی نشست KhaaHy NeShast	نشستی NeShasTy
Third-person singular	نشسته بود NeShasTeh Bood	می‌نشست MiNeShast	نشسته است NeShasTeh Ast	می‌نشیند MiNeShiNad	خواهد نشست KhaaHad NeShast	نشست NeShast
First-person plural	نشسته بودیم NeShasTeh BooDim	می‌نشستیم MiNeShasTim	نشسته ایم NeShasTehEem	می‌نشینیم MiNeShiNim	خواهیم نشست KhaaHim NeShast	نشستیم NeShasTim
Second-person plural	نشسته بودید NeShasTeh BooDid	می‌نشستید MiNeShasTid	نشسته اید NeShasTehEed	می‌نشینید MiNeShiNid	خواهید نشست KhaaHid NeShast	نشستید NeShasTid
Third-person plural	نشسته بودند NeShasTeh BooDand	می‌نشستند MiNeShasTand	نشسته اند NeShasTehAnd	می‌نشینند MiNeShiNand	خواهند نشست KhaaHand NeShast	نشستند NeShasTand

Present Tense: The cat sit down in front of me.	Gorbeh JeLoYe Man MiNeShiNad.	گربه جلوی من می‌نشیند.
Past Tense: The cat sat down in front of me.	Gorbeh JeLoYe Man NeShast.	گربه جلوی من نشست.
Future Tense: The cat will sit **down** in front of me.	Gorbeh JeLoYe Man KhaaHad NeShast.	گربه جلوی من خواهد نشست.

Verb	Translation	Transliteration
To sleep	خوابیدن	KhaaBiDan

	Past Perfect Tense	Past Progressive Tense	Present Perfect Tense	Present Tense	Future Tense	Simple Past Tense
First-person singular	خوابیده بودم KhaaBiDeh BooDam	میخوابیدم MiKhaaBiDam	خوابیده ام KhaaBiDehAm	میخوابم MiKhaaBam	خواهم خوابید KhaaHam KhaaBid	خوابیدم KhaaBiDam
Second-person singular	خوابیده بودی KhaaBiDeh BooDy	میخوابیدی MiKhaaBiDy	خوابیده ای KhaaBiDehEe	میخوابی MiKhaaBy	خواهی خوابید KhaaHy KhaaBid	خوابیدی KhaaBiDy
Third-person singular	خوابیده بود KhaaBiDeh Bood	میخوابید MiKhaaBid	خوابیده است KhaaBiDeh Ast	میخوابد MiKhaaBad	خواهد خوابید KhaaHad KhaaBid	خوابید KhaaBid
First-person plural	خوابیده بودیم KhaaBiDeh BooDim	میخوابیدیم MiKhaaBiDim	خوابیده ایم KhaaBiDehEem	میخوابیم MiKhaaBim	خواهیم خوابید KhaaHim KhaaBid	خوابیدیم KhaaBiDim
Second-person plural	خوابیده بودید KhaaBiDeh BooDid	میخوابیدید MiKhaaBiDid	خوابیده اید KhaaBiDehEed	میخوابید MiKhaaBid	خواهید خوابید KhaaHid KhaaBid	خوابیدید KhaaBiDid
Third-person plural	خوابیده بودند KhaaBiDeh BooDand	میخوابیدند MiKhaaBiDand	خوابیده اند KhaaBiDehAnd	میخوابند MiKhaaBand	خواهند خوابید KhaaHand KhaaBid	خوابیدند KhaaBiDand

Present Tense: I sleep in my car.	Man Dar MaaShiNam MiKhaaBam.	من در ماشینم میخوابم.
Past Tense: I slept in my car.	Man Dar MaaShiNam KhaaBiDam.	من در ماشینم خوابیدم.
Future Tense: I will sleep in the car.	Man Dar MaaShiNam KhaaHam KhaaBid.	من در ماشینم خواهم خوابید.

Verb	Translation	Transliteration
To smile	لبخند زدن	LabKhand ZaDan

	Past Perfect Tense	Past Progressive Tense	Present Perfect Tense	Present Tense	Future Tense	Simple Past Tense
First-person singular	لبخند زده بودم LabKhand ZaDeh BooDam	لبخند می‌زدم LabKhand MiZaDam	لبخند زده‌ام LabKhand ZaDehAm	لبخند می‌زدم LabKhand MiZaNam	لبخند خواهم زد LabKhand KhaaHam Zad	لبخند زدم LabKhand ZaDam
Second-person singular	لبخند زده بودی LabKhand ZaDeh BooDy	لبخند می‌زدی LabKhand MiZaDy	لبخند زده‌ای LabKhand ZaDehEe	لبخند می‌زدی LabKhand MiZaNy	لبخند خواهی زد LabKhand KhaaHy Zad	لبخند زدی LabKhand ZaDy
Third-person singular	لبخند زده بود LabKhand ZaDeh Bood	لبخند می‌زد LabKhand MiZad	لبخند زده است LabKhand ZaDeh Ast	لبخند می‌زد LabKhand MiZaNad	لبخند خواهد زد LabKhand KhaaHad Zad	لبخند زد LabKhand Zad
First-person plural	لبخند زده بودیم LabKhand ZaDeh BooDim	لبخند می‌زدیم LabKhand MiZaDim	لبخند زده‌ایم LabKhand ZaDehEem	لبخند می‌زدیم LabKhand MiZaNim	لبخند خواهیم زد LabKhand KhaaHim Zad	لبخند زدیم LabKhand ZaDim
Second-person plural	لبخند زده بودید LabKhand ZaDeh BooDid	لبخند می‌زدید LabKhand MiZaDid	لبخند زده‌اید LabKhand ZaDehEed	لبخند می‌زدید LabKhand MiZaNid	لبخند خواهید زد LabKhand KhaaHid Zad	لبخند زدید LabKhand ZaDid
Third-person plural	لبخند زده بودند LabKhand ZaDeh BooDand	لبخند می‌زدند LabKhand MiZaDand	لبخند زده‌اند LabKhand ZaDehAnd	لبخند می‌زدند LabKhand MiZaNand	لبخند خواهند زد LabKhand KhaaHand Zad	لبخند زدند LabKhand ZaDand

Present Tense: The little boy smiles shyly.	PeSar KooChooLoo Baa KheJaaLat LabKhand MiZaNad.	پسر کوچولو با خجالت لبخند می‌زند.
Past Tense: The little boy smiled shyly.	PeSar KooChooLoo Baa KheJaaLat LabKhand Zad.	پسر کوچولو با خجالت لبخند زد.
Future Tense: The little boy **will** smile shyly.	PeSar KooChooLoo Baa KheJaaLat LabKhand KhaaHad Zad.	پسر کوچولو با خجالت لبخند خواهد زد.

Verb	Translation	Transliteration
To speak	صحبت کردن	SohBat KarDan

	Past Perfect Tense	Past Progressive Tense	Present Perfect Tense	Present Tense	Future Tense	Simple Past Tense
First-person singular	صحبت کرده بودم SohBat KarDeh BooDam	صحبت می‌کردم SohBat MiKarDam	صحبت کرده ام SohBat KarDehAm	صحبت می‌کنم SohBat MiKoNam	صحبت خواهم کرد SohBat KhaaHam Kard	صحبت کردم SohBat KarDam
Second-person singular	صحبت کرده بودی SohBat KarDeh BooDy	صحبت می‌کردی SohBat MiKarDy	صحبت کرده ای SohBat KarDehEe	صحبت می‌کنی SohBat MiKoNy	صحبت خواهی کرد SohBat KhaaHy Kard	صحبت کردی SohBat KarDy
Third-person singular	صحبت کرده بود SohBat KarDeh Bood	صحبت می‌کرد SohBat MiKard	صحبت کرده است SohBat KarDeh Ast	صحبت می‌کند SohBat MiKoNad	صحبت خواهد کرد SohBat KhaaHad Kard	صحبت کرد SohBat Kard
First-person plural	صحبت کرده بودیم SohBat KarDeh BooDim	صحبت می‌کردیم SohBat MiKarDim	صحبت کرده ایم SohBat KarDehEem	صحبت می‌کنیم SohBat MiKoNim	صحبت خواهیم کرد SohBat KhaaHim Kard	صحبت کردیم SohBat KarDim
Second-person plural	صحبت کرده بودید SohBat KarDeh BooDid	صحبت می‌کردید SohBat MiKarDid	صحبت کرده اید SohBat KarDehEed	صحبت می‌کنید SohBat MiKoNid	صحبت خواهید کرد SohBat KhaaHid Kard	صحبت کردید SohBat KarDid
Third-person plural	صحبت کرده بودند SohBat KarDeh BooDand	صحبت می‌کردند SohBat MiKarDand	صحبت کرده اند SohBat KarDehAnd	صحبت می‌کنند SohBat MiKoNand	صحبت خواهند کرد SohBat KhaaHand Kard	صحبت کردند SohBat KarDand

Present Tense: They speak to him.	AanHaa Baa Oo SohBat MiKoNand.	آنها با او صحبت می‌کنند.
Past Tense: They spoke to him.	AanHaa Baa Oo SohBat KarDand.	آنها با او صحبت کردند.
Future Tense: They will speak to him.	AanHaa Baa Oo SohBat KhaaHand Kard.	آنها با او صحبت خواهند کرد.

Verb	Translation	Transliteration
To stand	ایستادن	EesTaaDan

	Past Perfect Tense	Past Progressive Tense	Present Perfect Tense	Present Tense	Future Tense	Simple Past Tense
First-person singular	ایستاده بودم EesTaaDeh BooDam	می‌ایستادم MiEesTaaDam	ایستاده‌ام EesTaaDehAm	می‌ایستم MiEesTam	خواهم ایستاد KhaaHam EesTaad	ایستادم EesTaaDam
Second-person singular	ایستاده بودی EesTaaDeh BooDy	می‌ایستادی MiEesTaaDy	ایستاده‌ای EesTaaDehEe	می‌ایستی MiEesTy	خواهی ایستاد KhaaHy EesTaad	ایستادی EesTaaDy
Third-person singular	ایستاده بود EesTaaDeh Bood	می‌ایستاد MiEesTaad	ایستاده است EesTaaDeh Ast	می‌ایستد MiEesTad	خواهد ایستاد KhaaHad EesTaad	ایستاد EesTaad
First-person plural	ایستاده بودیم EesTaaDeh BooDim	می‌ایستادیم MiEesTaaDim	ایستاده‌ایم EesTaaDehEem	می‌ایستیم MiEesTam	خواهیم ایستاد KhaaHim EesTaad	ایستادیم EesTaaDim
Second-person plural	ایستاده بودید EesTaaDeh BooDid	می‌ایستادید MiEesTaaDid	ایستاده‌اید EesTaaDehEed	می‌ایستید MiEesTad	خواهید ایستاد KhaaHid EesTaad	ایستادید EesTaaDid
Third-person plural	ایستاده بودند EesTaaDeh BooDand	می‌ایستادند MiEesTaaDand	ایستاده‌اند EesTaaDehAnd	می‌ایستند MiEesTand	خواهند ایستاد KhaaHand EesTaad	ایستادند EesTaaDand

Present Tense: She stands by her promise.	Oo PaaYe QoLash MiEesTad.	او پای قولش می‌ایستد.
Past Tense: She stood by her promise.	Oo PaaYe QoLash EesTaad.	او پای قولش ایستاد.
Future Tense: She will stands by her promise.	Oo PaaYe QoLash KhaaHad EesTaad.	او پای قولش خواهد ایستاد.

Verb	Translation	Transliteration
To start	آغاز کردن	AaQaaz KarDan

	Past Perfect Tense	Past Progressive Tense	Present Perfect Tense	Present Tense	Future Tense	Simple Past Tense
First-person singular	آغاز کرده بودم AaQaaz KarDeh BooDam	آغاز می‌کردم AaQaaz MiKarDam	آغاز کرده‌ام AaQaaz KarDehAm	آغاز می‌کنم AaQaaz MiKoNam	آغاز خواهم کرد AaQaaz KhaaHam Kard	آغاز کردم AaQaaz KarDam
Second-person singular	آغاز کرده بودی AaQaaz KarDeh BooDy	آغاز می‌کردی AaQaaz MiKarDy	آغاز کرده‌ای AaQaaz KarDehEe	آغاز می‌کنی AaQaaz MiKoNy	آغاز خواهی کرد AaQaaz KhaaHy Kard	آغاز کردی AaQaaz KarDy
Third-person singular	آغاز کرده بود AaQaaz KarDeh Bood	آغاز می‌کرد AaQaaz MiKard	آغاز کرده است AaQaaz KarDeh Ast	آغاز می‌کند AaQaaz MiKoNad	آغاز خواهد کرد AaQaaz KhaaHad Kard	آغاز کرد AaQaaz Kard
First-person plural	آغاز کرده بودیم AaQaaz KarDeh BooDim	آغاز می‌کردیم AaQaaz MiKarDim	آغاز کرده‌ایم AaQaaz KarDehEem	آغاز می‌کنیم AaQaaz MiKoNim	آغاز خواهیم کرد AaQaaz KhaaHim Kard	آغاز کردیم AaQaaz KarDim
Second-person plural	آغاز کرده بودید AaQaaz KarDeh BooDid	آغاز می‌کردید AaQaaz MiKarDid	آغاز کرده‌اید AaQaaz KarDehEed	آغاز می‌کنید AaQaaz MiKoNid	آغاز خواهید کرد AaQaaz KhaaHid Kard	آغاز کردید AaQaaz KarDid
Third-person plural	آغاز کرده بودند AaQaaz KarDeh BooDand	آغاز می‌کردند AaQaaz MiKarDand	آغاز کرده‌اند AaQaaz KarDehAnd	آغاز می‌کنند AaQaaz MiKoNand	آغاز خواهند کرد AaQaaz KhaaHand Kard	آغاز کردند AaQaaz KarDand

Present Tense: Simin starts the fight.	SiMin Da'Vaa Raa AaQaaz MiKoNad.	سیمین دعوا را آغاز می‌کند.
Past Tense: Simin started the fight.	SiMin Da'Vaa Raa AaQaaz Kard.	سیمین دعوا را آغاز کرد.
Future Tense: Simin will start the fight.	SiMin Da'Vaa Raa AaQaaz KhaaHad Kard.	سیمین دعوا را آغاز خواهد کرد.

Verb	Translation	Transliteration
To stay	ماندن	MaanDan

	Past Perfect Tense	Past Progressive Tense	Present Perfect Tense	Present Tense	Future Tense	Simple Past Tense
First-person singular	مانده بودم MaanDeh BooDam	می‌ماندم MiMaanDam	مانده‌ام MaanDehAm	می‌مانم MiMaaNam	خواهم ماند KhaaHam Maand	ماندم MaanDam
Second-person singular	مانده بودی MaanDeh BooDy	می‌ماندی MiMaanDy	مانده‌ای MaanDehEe	می‌مانی MiMaaNy	خواهی ماند KhaaHy Maand	ماندی MaanDy
Third-person singular	مانده بود MaanDeh Bood	می‌ماند MiMaand	مانده است MaanDeh Ast	می‌ماند MiMaaNad	خواهد ماند KhaaHad Maand	ماند Maand
First-person plural	مانده بودیم MaanDeh BooDim	می‌ماندیم MiMaanDim	مانده‌ایم MaanDehEem	می‌مانیم MiMaaNim	خواهیم ماند KhaaHim Maand	ماندیم MaanDim
Second-person plural	مانده بودید MaanDeh BooDid	می‌ماندید MiMaanDid	مانده‌اید MaanDehEed	می‌مانید MiMaaNid	خواهید ماند KhaaHid Maand	ماندید MaanDid
Third-person plural	مانده بودند MaanDeh BooDand	می‌ماندند MiMaanDand	مانده‌اند MaanDehAnd	می‌مانند MiMaaNand	خواهند ماند KhaaHand Maand	ماندند MaanDand

Present Tense: We stay here for now.	Maa Fe'Lan EenJaa MiMaaNim.	ما فعلا اینجا می‌مانیم.
Past Tense: We stayed here last night.	Maa DiShab EenJaa MaanDim.	ما دیشب اینجا ماندیم.
Future Tense: We will stay here tonight.	Maa EmShab EenJaa KhaaHim Maand.	ما امشب اینجا خواهیم ماند.

Verb	Translation	Transliteration
To take	گرفتن	GeRefTan

	Past Perfect Tense	Past Progressive Tense	Present Perfect Tense	Present Tense	Future Tense	Simple Past Tense
First-person singular	گرفته بودم GeRefTeh BooDam	می‌گرفتم MiGeRefTam	گرفته‌ام GeRefTehAm	می‌گیرم MiGiRam	خواهم گرفت KhaaHam GeReft	گرفتم GeRefTam
Second-person singular	گرفته بودی GeRefTeh BooDy	می‌گرفتی MiGeRefTy	گرفته‌ای GeRefTehEe	می‌گیری MiGiRy	خواهی گرفت KhaaHy GeReft	گرفتی GeRefTy
Third-person singular	گرفته بود GeRefTeh Bood	می‌گرفت MiGeReft	گرفته است GeRefTeh Ast	می‌گیرد MiGiRad	خواهد گرفت KhaaHad GeReft	گرفت GeReft
First-person plural	گرفته بودیم GeRefTeh BooDim	می‌گرفتیم MiGeRefTim	گرفته‌ایم GeRefTehEem	می‌گیریم MiGiRim	خواهیم گرفت KhaaHim GeReft	گرفتیم GeRefTim
Second-person plural	گرفته بودید GeRefTeh BooDid	می‌گرفتید MiGeRefTid	گرفته‌اید GeRefTehEed	می‌گیرید MiGiRid	خواهید گرفت KhaaHid GeReft	گرفتید GeRefTid
Third-person plural	گرفته بودند GeRefTeh BooDand	می‌گرفتند MiGeRefTand	گرفته‌اند GeRefTehAnd	می‌گیرند MiGiRand	خواهند گرفت KhaaHand GeReft	گرفتند GeRefTand

Present Tense: Before going to bed, he takes a shower.	Oo Qabl Az RafTan Beh RakhTeKhaab Doosh MiGiRad.	او قبل از رفتن به رختخواب، دوش می‌گیرد.
Past Tense: Before going to bed, he took a shower.	Oo Qabl Az RafTan Beh RakhTeKhaab Doosh GeRefT.	او قبل از رفتن به رختخواب، دوش گرفت.
Future Tense: Before going to bed, he will take a shower.	Oo Qabl Az RafTan Beh RakhTeKhaab Doosh KhaaHad GeRefT.	او قبل از رفتن به رختخواب، دوش خواهد گرفت.

Verb	Translation	Transliteration
To talk	حرف زدن	Harf ZaDan

	Past Perfect Tense	Past Progressive Tense	Present Perfect Tense	Present Tense	Future Tense	Simple Past Tense
First-person singular	حرف زده بودم Harf ZaDeh BooDam	حرف می‌زدم Harf MiZaDam	حرف زده ام Harf ZaDehAm	حرف می‌زنم Harf MiZaNam	حرف خواهم زد Harf KhaaHam Zad	حرف زدم Harf ZaDam
Second-person singular	حرف زده بودی Harf ZaDeh BooDy	حرف می‌زدی Harf MiZaDy	حرف زده ای Harf ZaDehEe	حرف می‌زنی Harf MiZaNy	حرف خواهی زد Harf KhaaHy Zad	حرف زدی Harf ZaDy
Third-person singular	حرف زده بود Harf ZaDeh Bood	حرف می‌زد Harf MiZad	حرف زده است Harf ZaDeh Ast	حرف می‌زند Harf MiZaNad	حرف خواهد زد Harf KhaaHad Zad	حرف زد Harf Zad
First-person plural	حرف زده بودیم Harf ZaDeh BooDim	حرف می‌زدیم Harf MiZaDim	حرف زده ایم Harf ZaDehEem	حرف می‌زنیم Harf MiZaNim	حرف خواهیم زد Harf KhaaHim Zad	حرف زدیم Harf ZaDim
Second-person plural	حرف زده بودید Harf ZaDeh BooDid	حرف می‌زدید Harf MiZaDid	حرف زده اید Harf ZaDehEed	حرف می‌زنید Harf MiZaNid	حرف خواهید زد Harf KhaaHid Zad	حرف زدید Harf ZaDid
Third-person plural	حرف زده بودند Harf ZaDeh BooDand	حرف می‌زدند Harf MiZaDand	حرف زده اند Harf ZaDehAnd	حرف می‌زنند Harf MiZaNand	حرف خواهند زد Harf KhaaHand Zad	حرف زدند Harf ZaDand

Present Tense: The president talks to students.	ReEes-JomHoor Baa DaaNesh-JooYaan Harf MiZaNad.	رئیس‌جمهور با دانشجویان حرف می‌زند.
Past Tense: The president talked to students.	ReEes-JomHoor Baa DaaNesh-JooYaan Harf Zad.	رئیس‌جمهور با دانشجویان حرف زد.
Future Tense: The president will talk to students.	ReEes-JomHoor Baa DaaNesh-JooYaan Harf KhaaHad Zad.	رئیس‌جمهور با دانشجویان حرف خواهد زد.

Verb	Translation	Transliteration
To teach	آموزش دادن	AaMooZesh DaaDan

	Past Perfect Tense	**Past Progressive Tense**	**Present Perfect Tense**	**Present Tense**	**Future Tense**	**Simple Past Tense**
First-person singular	آموزش داده بودم AaMooZesh DaaDeh BooDam	آموزش می‌دادم AaMooZesh MiDaaDam	آموزش داده‌ام AaMooZesh DaaDehAm	آموزش می‌دهم AaMooZesh MiDaHam	آموزش خواهم داد AaMooZesh KhaaHam Daad	آموزش دادم AaMooZesh DaaDam
Second-person singular	آموزش داده بودی AaMooZesh DaaDeh BooDy	آموزش می‌دادی AaMooZesh MiDaaDy	آموزش داده‌ای AaMooZesh DaaDehEe	آموزش می‌دهی AaMooZesh MiDaHy	آموزش خواهی داد AaMooZesh KhaaHy Daad	آموزش دادی AaMooZesh DaaDy
Third-person singular	آموزش داده بود AaMooZesh DaaDeh Bood	آموزش می‌داد AaMooZesh MiDaaDid	آموزش داده است AaMooZesh DaaDeh Ast	آموزش می‌دهد AaMooZesh MiDaHad	آموزش خواهد داد AaMooZesh KhaaHad Daad	آموزش داد AaMooZesh Daad
First-person plural	آموزش داده بودیم AaMooZesh DaaDeh BooDim	آموزش می‌دادیم AaMooZesh MiDaaDim	آموزش داده‌ایم AaMooZesh DaaDehEem	آموزش می‌دهیم AaMooZesh MiDaHim	آموزش خواهیم داد AaMooZesh KhaaHim Daad	آموزش دادیم AaMooZesh DaaDim
Second-person plural	آموزش داده بودید AaMooZesh DaaDeh BooDid	آموزش می‌دادید AaMooZesh MiDaaDid	آموزش داده‌اید AaMooZesh DaaDehEed	آموزش می‌دهید AaMooZesh MiDaHid	آموزش خواهید داد AaMooZesh KhaaHid Daad	آموزش دادید AaMooZesh DaaDid
Third-person plural	آموزش داده بودند AaMooZesh DaaDeh BooDand	آموزش می‌دادند AaMooZesh MiDaaDand	آموزش داده‌اند AaMooZesh DaaDehAnd	آموزش می‌دهند AaMooZesh MiDaHand	آموزش خواهند داد AaMooZesh KhaaHand Daad	آموزش دادند AaMooZesh DaaDand

Present Tense: The student teaches a lesson to her teacher.	DaaNesh-AaMooz DarSy Beh Mo'AlLemAsh MiDaHad.	دانش‌آموز درسی به معلمش می‌دهد.
Past Tense: The student taught a lesson to her teacher.	DaaNesh-AaMooz DarSy Beh Mo'AlLemAsh Daad.	دانش‌آموز درسی به معلمش داد.
Future Tense: The student will teach a lesson to her teacher.	DaaNesh-AaMooz DarSy Beh Mo'AlLemAsh KhaaHad Daad.	دانش‌آموز درسی به معلمش خواهد داد.

Verb	Translation	Transliteration
To think	فکر کردن	Fekr KarDan

	Past Perfect Tense	Past Progressive Tense	Present Perfect Tense	Present Tense	Future Tense	Simple Past Tense
First-person singular	فکر کرده بودم Fekr KarDeh BooDam	فکر می‌کردم Fekr MiKarDam	فکر کرده ام Fekr KarDehAm	فکر می‌کنم Fekr MiKoNam	فکر خواهم کرد Fekr KhaaHam Kard	فکر کردم Fekr KarDam
Second-person singular	فکر کرده بودی Fekr KarDeh BooDy	فکر می‌کردی Fekr MiKarDy	فکر کرده ای Fekr KarDehEe	فکر می‌کنی Fekr MiKoNy	فکر خواهی کرد Fekr KhaaHy Kard	فکر کردی Fekr KarDy
Third-person singular	فکر کرده بود Fekr KarDeh Bood	فکر می‌کرد Fekr MiKard	فکر کرده است Fekr KarDeh Ast	فکر می‌کند Fekr MiKoNad	فکر خواهد کرد Fekr KhaaHad Kard	فکر کرد Fekr Kard
First-person plural	فکر کرده بودیم Fekr KarDeh BooDim	فکر می‌کردیم Fekr MiKarDim	فکر کرده ایم Fekr KarDehEem	فکر می‌کنیم Fekr MiKoNim	فکر خواهیم کرد Fekr KhaaHim Kard	فکر کردیم Fekr KarDim
Second-person plural	فکر کرده بودید Fekr KarDeh BooDid	فکر می‌کردید Fekr MiKarDid	فکر کرده اید Fekr KarDehEed	فکر می‌کنید Fekr MiKoNid	فکر خواهید کرد Fekr KhaaHid Kard	فکر کردید Fekr KarDid
Third-person plural	فکر کرده بودند Fekr KarDeh BooDand	فکر می‌کردند Fekr MiKarDand	فکر کرده اند Fekr KarDehAnd	فکر می‌کنند Fekr MiKoNand	فکر خواهند کرد Fekr KhaaHand Kard	فکر کردند Fekr KarDand

Present Tense: He thinks carefully about choosing his outfits.	Oo BaRaaYe EnTeKhaab-e LeBaas-Haa-Yash Beh DeqQat Fekr MiKoNad.	او برای انتخاب لباس‌هایش به دقت فکر می‌کند.
Past Tense: He thought carefully about choosing his outfits.	Oo BaRaaYe EnTeKhaab-e LeBaas-Haa-Yash Beh DeqQat Fekr Kard.	او برای انتخاب لباس‌هایش به دقت فکر کرد.
Future Tense: He will think carefully about choosing his outfits.	Oo BaRaaYe EnTeKhaab-e LeBaas-Haa-Yash Beh DeqQat Fekr KhaaHad Kard.	او برای انتخاب لباس‌هایش به دقت فکر خواهد کرد.

Verb	Translation	Transliteration
To touch	لمس کردن	Lams KarDan

	Past Perfect Tense	Past Progressive Tense	Present Perfect Tense	Present Tense	Future Tense	Simple Past Tense
First-person singular	لمس کرده بودم Lams KarDeh BooDam	لمس می‌کردم Lams MiKarDam	لمس کرده‌ام Lams KarDehAm	لمس می‌کنم Lams MiKoNam	لمس خواهم کرد Lams KhaaHam Kard	لمس کردم Lams KarDam
Second-person singular	لمس کرده بودی Lams KarDeh BooDy	لمس می‌کردی Lams MiKarDy	لمس کرده‌ای Lams KarDehEe	لمس می‌کنی Lams MiKoNy	لمس خواهی کرد Lams KhaaHy Kard	لمس کردی Lams KarDy
Third-person singular	لمس کرده بود Lams KarDeh Bood	لمس می‌کرد Lams MiKard	لمس کرده است Lams KarDeh Ast	لمس می‌کند Lams MiKoNad	لمس خواهد کرد Lams KhaaHad Kard	لمس کرد Lams Kard
First-person plural	لمس کرده بودیم Lams KarDeh BooDim	لمس می‌کردیم Lams MiKarDim	لمس کرده‌ایم Lams KarDehEem	لمس می‌کنیم Lams MiKoNim	لمس خواهیم کرد Lams KhaaHim Kard	لمس کردیم Lams KarDim
Second-person plural	لمس کرده بودید Lams KarDeh BooDid	لمس می‌کردید Lams MiKarDid	لمس کرده‌اید Lams KarDehEed	لمس می‌کنید Lams MiKoNid	لمس خواهید کرد Lams KhaaHid Kard	لمس کردید Lams KarDid
Third-person plural	لمس کرده بودند Lams KarDeh BooDand	لمس می‌کردند Lams MiKarDand	لمس کرده‌اند Lams KarDehAnd	لمس می‌کنند Lams MiKoNand	لمس خواهند کرد Lams KhaaHand Kard	لمس کردند Lams KarDand

Present Tense: The ball touches the net.	Toop, Toor-e DarWaaZeh Raa Lams MiKoNad.	توپ، تور دروازه را لمس می‌کند.
Past Tense: The ball touched the net.	Toop, Toor-e DarWaaZeh Raa Lams Kard.	توپ، تور دروازه را لمس کرد.
Future Tense: The ball will touch the net.	Toop, Toor-e DarWaaZeh Raa Lams KhaaHad Kard.	توپ، تور دروازه را لمس خواهد کرد.

Verb	Translation	Transliteration
To travel	سفر کردن	SaFar KarDan

	Past Perfect Tense	Past Progressive Tense	Present Perfect Tense	Present Tense	Future Tense	Simple Past Tense
First-person singular	سفر کرده بودم SaFar KarDeh BooDam	سفر می‌کردم SaFar MiKarDam	سفر کرده‌ام SaFar KarDehAm	سفر می‌کنم SaFar MiKoNam	سفر خواهم کرد SaFar KhaaHam Kard	سفر کردم SaFar KarDam
Second-person singular	سفر کرده بودی SaFar KarDeh BooDy	سفر می‌کردی SaFar MiKarDy	سفر کرده‌ای SaFar KarDehEe	سفر می‌کنی SaFar MiKoNy	سفر خواهی کرد SaFar KhaaHy Kard	سفر کردی SaFar KarDy
Third-person singular	سفر کرده بود SaFar KarDeh Bood	سفر می‌کرد SaFar MiKard	سفر کرده است SaFar KarDeh Ast	سفر می‌کند SaFar MiKoNad	سفر خواهد کرد SaFar KhaaHad Kard	سفر کرد SaFar Kard
First-person plural	سفر کرده بودیم SaFar KarDeh BooDim	سفر می‌کردیم SaFar MiKarDim	سفر کرده‌ایم SaFar KarDehEem	سفر می‌کنیم SaFar MiKoNim	سفر خواهیم کرد SaFar KhaaHim Kard	سفر کردیم SaFar KarDim
Second-person plural	سفر کرده بودید SaFar KarDeh BooDid	سفر می‌کردید SaFar MiKarDid	سفر کرده‌اید SaFar KarDehEed	سفر می‌کنید SaFar MiKoNid	سفر خواهید کرد SaFar KhaaHid Kard	سفر کردید SaFar KarDid
Third-person plural	سفر کرده بودند SaFar KarDeh BooDand	سفر می‌کردند SaFar MiKarDand	سفر کرده‌اند SaFar KarDehAnd	سفر می‌کنند SaFar MiKoNand	سفر خواهند کرد SaFar KhaaHand Kard	سفر کردند SaFar KarDand

Present Tense: I travel to 11 countries.	Man Beh YaazDah KeshWar SaFar MiKoNam.	من به 11 کشور سفر می‌کنم.
Past Tense: I travelled to 11 countries.	Man Beh YaazDah KeshWar SaFar KarDam.	من به 11 کشور سفر کردم.
Future Tense: I will travel to 11 countries.	Man Beh YaazDah KeshWar SaFar KhaaHam Kard.	من به 11 کشور سفر خواهم کرد.

Verb	Translation	Transliteration
To understand	فهمیدن	FahMidan

	Past Perfect Tense	Past Progressive Tense	Present Perfect Tense	Present Tense	Future Tense	Simple Past Tense
First-person singular	فهمیده بودم FahMiDeh BooDam	می‌فهمیدم MiFahMiDam	فهمیده ام FahMiDehAm	می‌فهمم MiFahMam	خواهم فهمید KhaaHam FahMid	فهمیدم FahMiDam
Second-person singular	فهمیده بودی FahMiDeh BooDy	می‌فهمیدی MiFahMiDy	فهمیده ای FahMiDehEe	می‌فهمی MiFahMy	خواهی فهمید KhaaHy FahMid	فهمیدی FahMiDy
Third-person singular	فهمیده بود FahMiDeh Bood	می‌فهمید MiFahMid	فهمیده است FahMiDeh Ast	می‌فهمد MiFahMad	خواهد فهمید KhaaHad FahMid	فهمید FahMid
First-person plural	فهمیده بودیم FahMiDeh BooDim	می‌فهمیدیم MiFahMiDim	فهمیده ایم FahMiDehEem	می‌فهمیم MiFahMim	خواهیم فهمید KhaaHim FahMid	فهمیدیم FahMiDim
Second-person plural	فهمیده بودید FahMiDeh BooDid	می‌فهمیدید MiFahMiDid	فهمیده اید FahMiDehEed	می‌فهمید MiFahMiD	خواهید فهمید KhaaHid FahMid	فهمیدید FahMiDid
Third-person plural	فهمیده بودند FahMiDeh BooDand	می‌فهمیدند MiFahMiDand	فهمیده اند FahMiDehAnd	می‌فهمند MiFahMand	خواهند فهمید KhaaHand FahMid	فهمیدند FahMiDand

Present Tense: I understand the problem.	Man MasALeh Raa MiFahMam.	من مساله را می‌فهمم.
Past Tense: I understood the problem.	Man MasALeh Raa FahMiDam.	من مساله را فهمیدم.
Future Tense: I will understand the problem.	Man MasALeh Raa KhaaHam FahMid.	من مساله را خواهم فهمید.

Verb	Translation	Transliteration
To use	استفاده کردن	EsTeFaaDeh KarDan

	Past Perfect Tense	Past Progressive Tense	Present Perfect Tense	Present Tense	Future Tense	Simple Past Tense
First-person singular	استفاده کرده بودم EsTeFaaDeh KarDeh BooDam	استفاده می‌کردم EsTeFaaDeh MiKarDam	استفاده کرده ام EsTeFaaDeh KarDehAm	استفاده می‌کنم EsTeFaaDeh MiKoNam	استفاده خواهم کرد EsTeFaaDeh KhaaHam Kard	استفاده کردم EsTeFaaDeh KarDam
Second-person singular	استفاده کرده بودی EsTeFaaDeh KarDeh BooDy	استفاده می‌کردی EsTeFaaDeh MiKarDy	استفاده کرده ای EsTeFaaDeh KarDehEe	استفاده می‌کنی EsTeFaaDeh MiKoNy	استفاده خواهی کرد EsTeFaaDeh KhaaHy Kard	استفاده کردی EsTeFaaDeh KarDy
Third-person singular	استفاده کرده بود EsTeFaaDeh KarDeh Bood	استفاده می‌کرد EsTeFaaDeh MiKard	استفاده کرده است EsTeFaaDeh KarDeh Ast	استفاده می‌کند EsTeFaaDeh MiKoNad	استفاده خواهد کرد EsTeFaaDeh KhaaHad Kard	استفاده کرد EsTeFaaDeh Kard
First-person plural	استفاده کرده بودیم EsTeFaaDeh KarDeh BooDim	استفاده می‌کردیم EsTeFaaDeh MiKarDim	استفاده کرده ایم EsTeFaaDeh KarDehEem	استفاده می‌کنیم EsTeFaaDeh MiKoNim	استفاده خواهیم کرد EsTeFaaDeh KhaaHim Kard	استفاده کردیم EsTeFaaDeh KarDim
Second-person plural	استفاده کرده بودید EsTeFaaDeh KarDeh BooDid	استفاده می‌کردید EsTeFaaDeh MiKarDid	استفاده کرده اید EsTeFaaDeh KarDehEed	استفاده می‌کنید EsTeFaaDeh MiKoNid	استفاده خواهید کرد EsTeFaaDeh KhaaHid Kard	استفاده کردید EsTeFaaDeh KarDid
Third-person plural	استفاده کرده بودند EsTeFaaDeh KarDeh BooDand	استفاده می‌کردند EsTeFaaDeh MiKarDand	استفاده کرده اند EsTeFaaDeh KarDehAnd	استفاده می‌کنند EsTeFaaDeh MiKoNand	استفاده خواهند کرد EsTeFaaDeh KhaaHand Kard	استفاده کردند EsTeFaaDeh KarDand

Present Tense: He uses a special technique for cooking meat.	Oo Az ShiWeh-Ye ViJehEe BaRaaYe Pokht-e Goosht EsTeFaaDeh MiKoNad.	او از شیوه ویژه ای برای پخت گوشت استفاده می‌کند.
Past Tense: He used a special technique for cooking meat.	Oo Az ShiWeh-Ye ViJehEe BaRaaYe Pokht-e Goosht EsTeFaaDeh Kard.	او از شیوه ویژه ای برای پخت گوشت استفاده کرد.
Future Tense: He will use a special technique for cooking meat.	Oo Az ShiWeh-Ye ViJehEe BaRaaYe Pokht-e Goosht EsTeFaaDeh KhaaHad Kard.	او از شیوه ویژه ای برای پخت گوشت استفاده خواهد کرد.

Verb	Translation	Transliteration
To wait	صبر کردن	Sabr KarDan

	Past Perfect Tense	Past Progressive Tense	Present Perfect Tense	Present Tense	Future Tense	Simple Past Tense
First-person singular	صبر کرده بودم Sabr KarDeh BooDam	صبر می‌کردم Sabr MiKarDam	صبر کرده‌ام Sabr KarDehAm	صبر می‌کنم Sabr MiKoNam	صبر خواهم کرد Sabr KhaaHam Kard	صبر کردم Sabr KarDam
Second-person singular	صبر کرده بودی Sabr KarDeh BooDy	صبر می‌کردی Sabr MiKarDy	صبر کرده‌ای Sabr KarDehEe	صبر می‌کنی Sabr MiKoNy	صبر خواهی کرد Sabr KhaaHy Kard	صبر کردی Sabr KarDy
Third-person singular	صبر کرده بود Sabr KarDeh Bood	صبر می‌کرد Sabr MiKard	صبر کرده است Sabr KarDeh Ast	صبر می‌کند Sabr MiKoNad	صبر خواهد کرد Sabr KhaaHad Kard	صبر کرد Sabr Kard
First-person plural	صبر کرده بودیم Sabr KarDeh BooDim	صبر می‌کردیم Sabr MiKarDim	صبر کرده‌ایم Sabr KarDehEem	صبر می‌کنیم Sabr MiKoNim	صبر خواهیم کرد Sabr KhaaHim Kard	صبر کردیم Sabr KarDim
Second-person plural	صبر کرده بودید Sabr KarDeh BooDid	صبر می‌کردید Sabr MiKarDid	صبر کرده‌اید Sabr KarDehEed	صبر می‌کنید Sabr MiKoNid	صبر خواهید کرد Sabr KhaaHid Kard	صبر کردید Sabr KarDid
Third-person plural	صبر کرده بودند Sabr KarDeh BooDand	صبر می‌کردند Sabr MiKarDand	صبر کرده‌اند Sabr KarDehAnd	صبر می‌کنند Sabr MiKoNand	صبر خواهند کرد Sabr KhaaHand Kard	صبر کردند Sabr KarDand

Present Tense: He waits.	Oo Sabr MiKoNad.	او صبر می‌کند.
Past Tense: He waited for years.	Oo Saal-Haa Sabr Kard.	او برای سال‌ها صبر کرد.
Future Tense: He will wait as long as it takes.	Har ChehQadr Keh Tool BeKeShad, Oo Sabr KhaaHad Kard.	هر چقدر که طول بکشد، او صبر خواهد کرد.

Verb	Translation	Transliteration
To walk	قدم زدن	QaDam ZaDan

	Past Perfect Tense	Past Progressive Tense	Present Perfect Tense	Present Tense	Future Tense	Simple Past Tense
First-person singular	قدم زده بودم QaDam ZaDeh BooDam	قدم می‌زدم QaDam MiZaDam	قدم زده‌ام QaDam ZaDehAm	قدم می‌زنم QaDam MiZaNam	قدم خواهم زد QaDam KhaaHam Zad	قدم زدم QaDam ZaDam
Second-person singular	قدم زده بودی QaDam ZaDeh BooDy	قدم می‌زدی QaDam MiZaDy	قدم زده‌ای QaDam ZaDehEe	قدم می‌زنی QaDam MiZaNy	قدم خواهی زد QaDam KhaaHy Zad	قدم زدی QaDam ZaDy
Third-person singular	قدم زده بود QaDam ZaDeh Bood	قدم می‌زد QaDam MiZad	قدم زده است QaDam ZaDeh Ast	قدم می‌زند QaDam MiZaNad	قدم خواهد زد QaDam KhaaHad Zad	قدم زد QaDam Zzad
First-person plural	قدم زده بودیم QaDam ZaDeh BooDim	قدم می‌زدیم QaDam MiZaDim	قدم زده‌ایم QaDam ZaDehEem	قدم می‌زنیم QaDam MiZaNim	قدم خواهیم زد QaDam KhaaHim Zad	قدم زدیم QaDam ZaDim
Second-person plural	قدم زده بودید QaDam ZaDeh BooDid	قدم می‌زدید QaDam MiZaDid	قدم زده‌اید QaDam ZaDehEed	قدم می‌زنید QaDam MiZaNid	قدم خواهید زد QaDam KhaaHid Zad	قدم زدید QaDam ZaDid
Third-person plural	قدم زده بودند QaDam ZaDeh BooDand	قدم می‌زدند QaDam MiZaDand	قدم زده‌اند QaDam ZaDehAnd	قدم می‌زنند QaDam MiZaNand	قدم خواهند زد QaDam KhaaHand Zad	قدم زدند QaDam ZaDand

Present Tense: She walks in the park.	Oo Dar Park QaDam MiZaNad.	او در پارک قدم می‌زند.
Past Tense: She walked in the park.	Oo Dar Park QaDam Zad.	او در پارک قدم زد.
Future Tense: She will walk in the park.	Oo Dar Park QaDam KhaaHad Zad.	او در پارک قدم خواهد زد.

Verb	Translation	Transliteration
To want	خواستن	KhaasTan

	Past Perfect Tense	Past Progressive Tense	Present Perfect Tense	Present Tense	Future Tense	Simple Past Tense
First-person singular	خواسته بودم KhaasTeh BooDam	می‌خواستم MiKhaasTam	خواسته‌ام KhaasTehAm	می‌خواهم MiKhaaHam	خواهم خواست KhaaHam Khaast	خواستم KhaasTam
Second-person singular	خواسته بودی KhaasTeh BooDy	می‌خواستی MiKhaasTy	خواسته‌ای KhaasTehEe	می‌خواهی MiKhaaHy	خواهی خواست KhaaHy Khaast	خواستی KhaasTy
Third-person singular	خواسته بود KhaasTeh Bood	می‌خواست MiKhaast	خواسته است KhaasTeh Ast	می‌خواهد MiKhaaHad	خواهد خواست KhaaHad Khaast	خواست Khaast
First-person plural	خواسته بودیم KhaasTeh BooDim	می‌خواستیم MiKhaasTim	خواسته‌ایم KhaasTehEem	می‌خواهیم MiKhaaHim	خواهیم خواست KhaaHim Khaast	خواستیم KhaasTim
Second-person plural	خواسته بودید KhaasTeh BooDid	می‌خواستید MiKhaasTid	خواسته‌اید KhaasTehEed	می‌خواهید MiKhaaHid	خواهید خواست KhaaHid Khaast	خواستید KhaasTid
Third-person plural	خواسته بودند KhaasTeh BooDand	می‌خواستند MiKhaasTand	خواسته‌اند KhaasTehAnd	می‌خواهند MiKhaaHand	خواهند خواست KhaaHand Khaast	خواستند KhaasTand

Present Tense: The kid wants chocolate.	KooDak ShoKoLaat MiKhaaHad.	کودک شکلات می‌خواهد.
Past Tense: The kid wanted chocolate.	KooDak ShoKoLaat khaast.	کودک شکلات خواست.
Future Tense: The kid will want chocolate.	KooDak ShoKoLaat KhaaHad khaast.	کودک شکلات خواهد خواست.

Verb	Translation	Transliteration
To watch	تماشا کردن	TaMaaShaa KarDan

	Past Perfect Tense	Past Progressive Tense	Present Perfect Tense	Present Tense	Future Tense	Simple Past Tense
First-person singular	تماشا کرده بودم TaMaaShaa KarDeh BooDam	تماشا می‌کردم TaMaaShaa MiKarDam	تماشا کرده ام TaMaaShaa KarDehAm	تماشا می‌کنم TaMaaShaa MiKoNam	تماشا خواهم کرد TaMaaShaa KhaaHam Kard	تماشا کردم TaMaaShaa KarDam
Second-person singular	تماشا کرده بودی TaMaaShaa KarDeh BooDy	تماشا می‌کردی TaMaaShaa MiKarDy	تماشا کرده ای TaMaaShaa KarDehEe	تماشا می‌کنی TaMaaShaa MiKoNy	تماشا خواهی کرد TaMaaShaa KhaaHy Kard	تماشا کردی TaMaaShaa KarDy
Third-person singular	تماشا کرده بود TaMaaShaa KarDeh Bood	تماشا می‌کرد TaMaaShaa MiKard	تماشا کرده است TaMaaShaa KarDeh Ast	تماشا می‌کند TaMaaShaa MiKoNad	تماشا خواهد کرد TaMaaShaa KhaaHad Kard	تماشا کرد TaMaaShaa Kard
First-person plural	تماشا کرده بودیم TaMaaShaa KarDeh BooDim	تماشا می‌کردیم TaMaaShaa MiKarDim	تماشا کرده ایم TaMaaShaa KarDehEem	تماشا می‌کنیم TaMaaShaa MiKoNim	تماشا خواهیم کرد TaMaaShaa KhaaHim Kard	تماشا کردیم TaMaaShaa KarDim
Second-person plural	تماشا کرده بودید TaMaaShaa KarDeh BooDid	تماشا می‌کردید TaMaaShaa MiKarDid	تماشا کرده اید TaMaaShaa KarDehEed	تماشا می‌کنید TaMaaShaa MiKoNid	تماشا خواهید کرد TaMaaShaa KhaaHid Kard	تماشا کردید TaMaaShaa KarDid
Third-person plural	تماشا کرده بودند TaMaaShaa KarDeh BooDand	تماشا می‌کردند TaMaaShaa MiKarDand	تماشا کرده اند TaMaaShaa KarDehAnd	تماشا می‌کنند TaMaaShaa MiKoNand	تماشا خواهند کرد TaMaaShaa KhaaHand Kard	تماشا کردند TaMaaShaa KarDand

Present Tense: They watch the movie.	AanHaa Film Raa TaMaaShaa MiKoNand.	آنها فیلم را تماشا می‌کنند.
Past Tense: They watched the movie.	AanHaa Film Raa TaMaaShaa KarDand.	آنها فیلم را تماشا کردند.
Future Tense: They will watch the movie.	AanHaa Film Raa TaMaaShaa KhaaHand Kard.	آنها فیلم را تماشا خواهند کرد.

Verb	Translation	Transliteration
To win	بردن	BorDan

	Past Perfect Tense	Past Progressive Tense	Present Perfect Tense	Present Tense	Future Tense	Simple Past Tense
First-person singular	برده بودم BorDeh BooDam	می‌بردم MiBorDam	برده ام BorDehAm	می‌برم MiBaRam	خواهم برد KhaaHam Bord	بردم BorDam
Second-person singular	برده بودی BorDeh BooDy	می‌بردی MiBorDy	برده ای BorDehEe	می‌بری MiBaRy	خواهی برد KhaaHy Bord	بردی BorDy
Third-person singular	برده بود BorDeh Bood	می‌برد MiBord	برده است BorDeh Ast	می‌برد MiBaRad	خواهد برد KhaaHad Bord	برد Bord
First-person plural	برده بودیم BorDeh BooDim	می‌بردیم MiBorDim	برده ایم BorDehEem	می‌بریم MiBaRim	خواهیم برد KhaaHim Bord	بردیم BorDim
Second-person plural	برده بودید BorDeh BooDid	می‌بردید MiBorDid	برده اید BorDehEed	می‌برید MiBaRid	خواهید برد KhaaHid Bord	بردید BorDid
Third-person plural	برده بودند BorDeh BooDand	می‌بردند MiBorDand	برده اند BorDehAnd	می‌برند MiBaRand	خواهند برد KhaaHand Bord	بردند BorDand

Present Tense: We win the game.	Maa BaaZy Raa MiBaRim.	ما بازی را می‌بریم.
Past Tense: We won the game.	Maa BaaZy Raa BorDim.	ما بازی را بردیم.
Future Tense: We will win the game.	Maa BaaZy Raa KhaaHim Bord.	ما بازی را خواهیم برد.

Verb	Translation	Transliteration
To work	کار کردن	Kaar KarDan

	Past Perfect Tense	Past Progressive Tense	Present Perfect Tense	Present Tense	Future Tense	Simple Past Tense
First-person singular	کار کرده بودم Kaar KarDeh BooDam	کار می‌کردم Kaar MiKarDam	کار کرده ام Kaar KarDehAm	کار می‌کنم Kaar MiKoNam	کار خواهم کرد Kaar KhaaHam Kard	کار کردم Kaar KarDam
Second-person singular	کار کرده بودی Kaar KarDeh BooDy	کار می‌کردی Kaar MiKarDy	کار کرده ای Kaar KarDehEe	کار می‌کنی Kaar MiKoNy	کار خواهی کرد Kaar KhaaHy Kard	کار کردی Kaar KarDy
Third-person singular	کار کرده بود Kaar KarDeh Bood	کار می‌کرد Kaar MiKard	کار کرده است Kaar KarDeh Ast	کار می‌کند Kaar MiKoNad	کار خواهد کرد Kaar KhaaHad Kard	کار کرد Kaar Kard
First-person plural	کار کرده بودیم Kaar KarDeh BooDim	کار می‌کردیم Kaar MiKarDim	کار کرده ایم Kaar KarDehEem	کار می‌کنیم Kaar MiKoNim	کار خواهیم کرد Kaar KhaaHim Kard	کار کردیم Kaar KarDim
Second-person plural	کار کرده بودید Kaar KarDeh BooDid	کار می‌کردید Kaar MiKarDid	کار کرده اید Kaar KarDehEed	کار می‌کنید Kaar MiKoNid	کار خواهید کرد Kaar KhaaHid Kard	کار کردید Kaar KarDid
Third-person plural	کار کرده بودند Kaar KarDeh BooDand	کار می‌کردند Kaar MiKarDand	کار کرده اند Kaar KarDehAnd	کار می‌کنند Kaar MiKoNand	کار خواهند کرد Kaar KhaaHand Kard	کار کردند Kaar KarDand

Present Tense: She works here 5 days a week.	Oo Panj Rooz Dar HafTeh Dar EenJaa Kaar MiKoNad.	او ۵ روز در هفته در اینجا کار می‌کند.
Past Tense: She worked here 30 years as a full-time employee.	Oo See Saal, Beh OnWaan-e Yek KaarMand-e TaMaam-Waqt EenJaa Kaar Kard.	او ۳۰ سال، به عنوان یک کارمند تمام وقت اینجا کار کرد.
Future Tense: She will work here for a one-month trial peroide.	Oo BaRaaYe Yek DoReh-Ye AazMaaYeShi-Ye Yek MaaHeh EenJaa Kaar KhaaHad Kard.	او برای یک دوره آزمایشی یکماهه، اینجا کار خواهد کرد.

Verb	Translation	Transliteration
To write	نوشتن	NeWeshTan

	Past Perfect Tense	Past Progressive Tense	Present Perfect Tense	Present Tense	Future Tense	Simple Past Tense
First-person singular	نوشته بودم NeWeshTeh BooDam	می‌نوشتم MiNeWeshTam	نوشته ام NeWeshTehAm	می‌نویسم MiNeWiSam	خواهم نوشت KhaaHam NeWesht	نوشتم NeWeshTam
Second-person singular	نوشته بودی NeWeshTeh BooDy	می‌نوشتی MiNeWeshTy	نوشته ای NeWeshTehEe	می‌نویسی MiNeWiSy	خواهی نوشت KhaaHy NeWesht	نوشتی NeWeshTy
Third-person singular	نوشته بود NeWeshTeh Bood	می‌نوشت MiNeWesht	نوشته است NeWeshTeh Ast	می‌نویسد MiNeWiSad	خواهد نوشت KhaaHad NeWesht	نوشت NeWesht
First-person plural	نوشته بودیم NeWeshTeh BooDim	می‌نوشتیم MiNeWeshTim	نوشته ایم NeWeshTehEem	می‌نویسیم MiNeWiSim	خواهیم نوشت KhaaHim NeWesht	نوشتیم NeWeshTim
Second-person plural	نوشته بودید NeWeshTeh BooDid	می‌نوشتید MiNeWeshTid	نوشته اید NeWeshTehEed	می‌نویسید MiNeWiSid	خواهید نوشت KhaaHid NeWesht	نوشتید NeWeshTid
Third-person plural	نوشته بودند NeWeshTeh BooDand	می‌نوشتند MiNeWeshTand	نوشته اند NeWeshTehAnd	می‌نویسند MiNeWiSand	خواهند نوشت KhaaHand NeWesht	نوشتند NeWeshTand

Present Tense: I write a letter to myself.	Man NaaMehEe BaRaaYe KhoDam MiNeWiSam.	من نامه ای برای خودم می‌نویسم.
Past Tense: I wrote a letter to myself.	Man NaaMehEe BaRaaYe KhoDam NeWeshTam.	من نامه ای برای خودم نوشتم.
Future Tense: I will write a letter to myself.	Man NaaMehEe BaRaaYe KhoDam KhaaHam NeWesht.	من نامه ای برای خودم خواهم نوشت.

Made in United States
Troutdale, OR
12/21/2023